차차르트 & 이종대왕의

음악 수업 놀이

선생니과 학생 모두 행복한 음악 시간

선생님과 학생 모두 행복한 음악 시간
차차르트 & 이종대왕의
음악 수업 놀이

제1판 제1쇄 발행 2021년 03월 25일
제1판 제1쇄 발행 2021년 04월 07일

지은이 이종혁, 차영근 **펴낸이** 조헌성 **펴낸곳** (주)미래와경영
ISBN 978-89-6287-221-7 03370 값 15,000원
출판등록 2000년 03월 24일 제25100-2006-000040호
주소 (08590) 서울특별시 금천구 가산디지털1로 84, 에이스하이엔드타워 8차 1106호
전화번호 02) 837-1107 **팩스번호** 02) 837-1108
홈페이지 www.fmbook.com **이메일** fmbook@naver.com

차차르트 & 이종대왕의
음악 수업 놀이

선생님과 학생 모두 행복한 음악 시간

이종혁 | 차영근 지음

미래와경영

TV에서 어느 가수가 나이가 들수록 내가 더 잘하는 것을 늘리는 것이 아니라 못하는 것을 포기하게 된다고 말하는 것을 보았습니다. 그리고 자신이 해야 하는 일에 더 집중해야 한다고 말했습니다.

저는 그동안 완벽한 선생님을 꿈꿨습니다. 수업도 잘하고 싶고, 자기관리, 업무, 가정생활 등 여러 면에서 훌륭한 선생님이 되고 싶은 욕심이 컸습니다. 그러나 시간이 갈수록 저의 한계를 보게 되었고 실망감만 커졌습니다. 욕심을 내려놓고 어떤 일에 집중해야 할지 고민하기 시작했습니다.

'한형식 선생님'의 책을 접하다

수업 전문성 계발에 관심을 갖던 중 연구실에 꽂혀 있는 책을 우연히 읽게 되었습니다. 〈모두가 참여하는 수업에는 법칙이 있다〉라는 책이었습니다. 내용은 단순했지만 정곡을 찌르는 이야기들이 적혀 있었습니다.

그 이후 한형식 선생님의 책을 모두 사서 읽었습니다. 또한 선생님께서 추천한 책들도 같이 읽었습니다. 군더더기 없이 깔끔하고 수업과 관련된 내용이었는데, 핵심은 '모든 학생이 참여할 수 있는 수업을 만들어야 한다.'라는 것이었습니다.

예를 들어 발표를 시키면 지적 순발력이 빠른 학생들은 재빨리 손을 들고 정답을 맞힐 수 있습니다. 문제는 다른 학생들입니다. 순발력이 느린 학생들은 그 모습을 보며 좌절하게 되고 점점 발표에 대한 자신감을 잃게 되는 것입니다. 한형식 선생님의 수업 기술을 보며 수업에 대한 연구를 하고 싶은 마음이 생기게 되었습니다.

'이종대왕'을 만나다

이런 마음을 먹었던 시기에 우연히 제가 근무하는 학교에 '이종대왕' 이종혁 선생님이 부임하게 되었습니다. 같은 학교에 근무하며 자연스럽게 친해졌고 이 선생님의 수업 놀이 영상을 보면서 관심이 생겼습니다. 이 선생님의 수업 놀이에는 이제까지 보던 놀이와는 다른 것이 있음을 감지했고, 놀이에 대해 이것저것을 물었습니다. 놀랍게도 이 선생님의 기본 원칙이 한형식 선생님께서 말씀한 내용과 일치했습니다. 그것은 바로 학생이 주도하는 활동이어야 하고, 방관하는 학생이 있으면 안 된다는 원칙입니다. 이 원칙을 생각하며 이 선생님의 영상을 보니 학생 모두 열심히 참여하고 있었습니다. 그 이후로 저는 이 선생님과 수업 놀이에 대해 본격적으로 이야기하기 시작했고 많은 것을 배우게 되었습니다.

음악 놀이를 생각하다

이종혁 선생님과 대화를 하면서 내가 학습에 놀이를 적용한다면 어떤 영역일까 고민하다가 '음악'을 생각하게 되었습니다. 생각해 보니 초임 때부터 지금까지 제가 꾸준히 해왔던 활동은 음악이었습니다. 리코더 합주부, 리듬 합주부, 현악기 앙상블, 타악기 동아리 등 학생들과 자율 동아리를 계속 운영해왔고 전담을 맡을 때에도 음악을 희망했습니다.

음악 활동을 하면서 제 나름의 경험과 이를 놀이로 적용할 방법은 없을까 고민하게 되었고, 이 선생님의 제안으로 출판에 도전하게 되었습니다. 처음에는 음악 활동 위주로 생각을 했는데, 선생님보다 학생들에게 더 도움을 줄 수 있는 방법이 무엇일지 고민하게 되었습니다.

음악 놀이의 원칙을 정하다

처음에는 인디스쿨, 유튜브, 블로그 등에서 다양한 선생님의 음악 활동을 보게 되었습니다. 생각보다 다수의 선생님께서 음악 활동을 하고 있었고 배울 점이 많았습니다. 그 활동들을 보면서 제 나름대로의 원칙을 정하게 되었습니다. 그것은 놀이가 쉬워야 한다는 점, 선생님의 개입이 적어야 한다는 점, 별도의 준비물이 없어야 한다는 점이었습니다. 우선 놀이가 어려우면 학생들이 음악의 개념보다는 놀이를 익히는 데 중점을 두어 학습이 되지 않을 것이라고 판단했습니다. 그리고 선생님의 개입이 많거나 준비물이 필요하면 선생님들께서 이 책을 읽은 후 적용할 때 포기하게 될 거라는 생각이 들었습니다.

선생님의 개입이 적어야 학생 개개인을 관찰할 수 있습니다. 또한 다양한 변수의 상황에서도 바로 놀이를 적용할 수 있습니다. 그래서 제가 만든 놀이는 대부분 종이 놀이 또는 신체 놀이입니다. 학생들도 종이와 연필만 있으면 누구나 쉽게 놀이에 참여 가능합니다.

이 책을 읽은 선생님들께

본문에 소개하는 내용은 적용이 쉽고 바로 실행할 수 있습니다. 책을 읽은 후 꼭 적용해 보세요. 제가 이미 학생들과 즐겁게 했던 활동들이라 선생님의 특별한 기술 없이도 학생들이 음악 활동에 즐겁게 참여할 것입니다.

세상에는 수많은 전문가가 있습니다. 상대적으로 선생님은 전문가가 아닌 것처럼 느껴질 때가 있었습니다. 선생님의 할 일은 너무나 많습니다. 학생들과 하루를 보내면 자신이 무엇을 했는지 기억나지 않을 만큼 새로운 상황의 연속입니다.

우리는 '현장 전문가'입니다. 선생님들은 제가 쓴 여러 활동들을 상황과 교과에 맞게 충분히 녹여낼 수 있습니다. 음악 놀이에 한정돼 있지 않고 모든 교과에 적용 가능하므로 실천해 보고 응용하기 바랍니다. 질문이나 정보 공유는 언제든지 환영입니다. 제 블로그에 방문해 다양한 활동 및 동영상, 첨부파일을 마음껏 사용하세요.

'차차르트', 차영근

■ 네이버 블로그 : 차차르트(https://blog.naver.com/fgfc12)
■ 유튜브 동영상 : 차차르트(유튜브에서 차차르트 검색 - 음악 놀이터)

PROLOGUE

"선생님 반 아이들은 어쩜 그리 신나게 노래를 부르나요? 저희 반 아이들은 몇몇 학생들 빼곤 거의 노래를 부르지 않아요."

고학년을 맡았을 때 가창 시간이 끝나면 꼭 옆 반 선생님들이 이렇게 물어보곤 했습니다.

"저희 반은 노래를 하는 가창 시간이 아니라 놀이를 하는 가창 시간이기 때문이죠."

노래를 놀이로 적용했던 제가 맡았던 학급 아이들은 고학년이든 중학년이든 모두 열심히 노래를 불렀습니다. 또한 음악 시간을 항상 기다리고 좋아했습니다. 듣기만 해도 즐거운 노래와 신나는 놀이가 합쳐졌을 때 남녀노소를 불문하고 행복해질 수 있다고 믿고 있습니다.

새로 옮긴 학교에서 우연히 음악 전담을 맡고 있는 차영근 선생님을 만나 서로의 교육철학이 같음을 알게 되었고, 함께 음악 수업을 연구하고 학생들에게 적용하게 되었습니다. 그 결과 음악 시간만 되면 학년을 불문하고 학급의 모든 학생이 열심히 노래 부르는 모습을 볼 수 있었습니다. 가창뿐만 아니라 음악 이론, 감상, 창작 등의 영역에도 놀이를 적용함으로써 학생들이 음악을 쉽고 재미있게 배우게 되었습니다.

이제 그 결과물을 공유할 시간이 되었습니다. 이 책의 활동들을 숙지한다면 따로 특별히 준비하지 않고도 언제든지 음악 시간에 놀이를 적용할 수 있습니다. 이는 교육과정이 개정되어도 변함없이 적용할 수 있습니다. 무엇보다도 학생들이 어떤 교과보다도 기다리고 기다리는 음악 시간을 만들 수 있습니다.

이 책은 단순히 읽고 끝내는 것보다 학생들에게 적용했을 때 그 진가가 드러납니다. 음악 시간에 다양한 활동들을 꼭 적용해보길 바랍니다.

선생님과 학생 모두 행복한 노래하는 교실을 꿈꾸며

'이종대왕', 이종혁

CONTENTS

PROLOGUE

CHAPTER 00
교과서 음악 이론 살피기

CHAPTER 01
음악의 3요소를 배우는 놀이(리듬, 가락, 화성)

CHAPTER 02
모두가 즐겁게 노래할 수 있는 놀이(가창 & 기악)

CHAPTER 03
몸과 마음을 열어주는 놀이(음악 이론 & 음색)

CHAPTER 04
몸을 움직일 수 있는 놀이(박자 & 신체 표현)

CHAPTER 05
창의력을 키울 수 있는 놀이(창작 & 감상)

CHAPER 00

교과서
음악 이론 살피기

음악 교육과정 살펴보기

교육부에서 만든 음악 교육과정을 본 적 있으시죠? 임용 공부할 때 특히 많이 보았을 것입니다. 2015 개정 교육과정에서 제시한 표를 먼저 살펴보겠습니다.

[초등학교]

영역	핵심 개념	일반화된 지식	내용 요소 3~4학년	내용 요소 5~6학년	기능
표현	• 소리의 상호 작용 • 음악의 표현 방법	다양한 음악 경험을 통해 소리의 상호 작용과 음악의 표현 방법을 이해하여 노래, 연주, 음악 만들기, 신체 표현 등의 다양한 방식으로 표현한다.	음악의 구성	음악의 구성	• 노래 부르기 • 악기로 연주하기 • 신체 표현하기 • 만들기 • 표현하기
			자세와 연주법	자세와 연주법	
감상	• 음악 요소와 개념 • 음악의 종류 • 음악의 배경	다양한 음악을 듣고 음악 요소와 개념, 음악의 종류와 배경을 파악하여 음악을 이해하고 비평한다.	3~4학년 수준의 음악 요소와 개념	5~6학년 수준의 음악 요소와 개념	• 구별하기 • 표현하기 • 발표하기
			상황이나 이야기 등을 표현한 음악	다양한 문화권의 음악	
생활화	• 음악의 활용 • 음악을 즐기는 태도	음악을 생활 속에서 활용하고, 음악이 삶에 주는 의미에 대해 이해함으로써 음악을 즐기는 태도를 갖는다.	음악과 행사	음악과 행사	• 참여하기 • 조사하기 • 발표하기
			음악과 놀이	음악과 건강	
			생활 속의 국악	국악과 문화유산	

<출처 : 교육부 고시 2015 개정 교육과정 중 음악과 내용 체계표>

초등학교 음악과 내용 체계표는 표현, 감상, 생활화 3가지 영역으로 구성되어 있습니다. 세계적 시민으로 문화적 소양을 지닌 전인적 성장을 위해 3가지를 골고루 배워야 합니다. 이전 교육과정과 차이가 있다면 음악의 주체가 강조되었다는 점입니다.

학생 스스로 좋아하는 노래를 부르고 연주하며 삶 속에서 향유하는 능력을 강조하고 있습니다. 중등과 고등에서도 내용이 크게 달라지지 않습니다. 초등에서 배웠던 내용을 심화 확대하는 방식으로 배우게 됩니다.

현재 우리의 음악 수업 되돌아보기

선생님들과 음악 수업을 이야기할 때 가장 많이 나오는 영역은 '표현'입니다. 쉽게 이야기하면 노래 부르기, 악기 연주하기 활동입니다. 학기 초에 리코더 급수제를 실시하기도 하고 동요를 공유하기도 합니다. 학생들의 정서와 기능 향상에 매우 좋은 활동입니다. 문제는 음악 수업이 표현에만 집중되었다는 점입니다. 성급한 일반화일 수 있지만 제가 근무한 학교에서는 그런 모습을 많이 봤습니다. 이유는 준비하기 편하고, 학생들이 좋아하며 전체로 가르치기 수월해서 그렇습니다. 특히 초등학생의 경우 전 과목을 가르치는 부담으로 음악 수업에 많은 투자가 어려운 것도 이유일 것입니다. 그렇다면 '표현' 영역 외에 '감상', '생활화' 영역은 어떻게 해야 할까요?

음악 요소와 개념 체계

먼저 교육부에서 제시한 '음악 요소와 개념 체계표'를 살펴봅시다.

교육과정을 한 번이라도 봤다면 다음 페이지의 체계표가 익숙할 겁니다. 개념의 이름은 약간 바뀌었지만 예전부터 강조해왔던 체계표입니다. '감상' 영역에서 말하는 음악 요소와 개념이 바로 체계 표에 적혀 있습니다. 이전에는 리듬, 가락, 화성, 셈여림, 빠르기, 박자, 음색이라는 용어로 사용되기도 했습니다.

교육과정이 많이 수정되었지만 음악 요소와 개념 체계표는 빠지지 않고 나오고 있습니다. 저도 음악 개념 요소가 중요하다고 생각합니다. '감상' 영역은 '표현'과 '생활화' 영역 모두에 영향을 줍니다. 음악 개념 요소를 잘 파악한다면 풍부한 '표현'을 할 수 있으며, 스스로 창작하고 삶 속에 적용 가능한 '생활화'가 가능해집니다.

초등학교 3~4학년	초등학교 5~6학년	중학교 1~3학년
• 박, 박자 • 장단, 장단의 세 • 음의 길고 짧음 • 간단한 리듬꼴 • 장단꼴 • 말붙임새	• 박, 박자 • 장단, 장단의 세 • 여러 가지 리듬꼴 • 장단꼴 • 말붙임새	• 여러 가지 박자 • 장단, 장단의 세 • 여러 가지 박자의 리듬꼴 • 여러 가지 장단의 장단꼴 • 말붙임새
• 음의 높고 낮음 • 차례가기와 뛰어가기 • 시김새	• 음이름, 계이름, 율명 • 장음계, 단음계 • 여러 지역의 토리 • 시김새	• 여러 가지 음계 • 여러 지역의 토리 • 여러 가지 시김새
• 소리의 어울림	• 주요 3화음 • 다양한 소리의 어울림	• 딸림 7화음 • 다양한 소리의 어울림, 종지
• 형식(메기고 받는 형식, ab 등)	• 형식(긴자진 형식, 시조 형식, aba, AB 등)	• 형식(연음 형식, 한배에 따른 형식, 론도, ABA, 변주곡 등)
• 셈여림	• 셈어림의 변화	• 셈여림의 변화
• 빠르기 / 한배	• 빠르기의 변화 / 한배의 변화	• 빠르기의 변화 / 한배의 변화
• 목소리, 물체 소리, 타악기의 음색	• 관악기, 현악기의 음색	• 여러 가지 음색

<출처 : 교육부 고시 음악 교육과정>

교과서 속 음악 개념

현재 교과서에는 음악 개념을 어떻게 제시하고 있을까요?

보통 한 제재곡당 2페이지로 구성되어 있습니다. 첫 페이지에서는 학습 목표와 악보가 나옵니다. 두 번째 페이지에서는 제재곡과 관련된 음악 이론이 나옵니다. 조성, 계이름, 박자치기, 음악 기호 등입니다. 음악 이론과 제재곡이 묶여 있어서 이론을 효율적으로 익힐 수 있습니다. 또한 제재곡과 관련된 이론이기 때문에 곡을 표현하는 것에도 도움을 줍니다.

한 가지 문제가 있다면 음악 개념에 대한 체계적인 정리가 되어 있지 않다는 점입니다. 예를 들어 한글을 배운다고 가정해 봅시다. 한글을 공부하는 방법에는, 먼저 자음과 모음을 각각 배우고 그것을 결합하여 글자를 만드는 방법이 있습니다. 다른 한 가지는 학생에게 친숙한 단어를 위주로 공부하는 방법입니다. 학교에서는 이 두 가지를 모두 사용합니다. 어떤 방법이 절대적인 해답은 아니기 때문입니다.

음악 이론도 마찬가지입니다. 제재곡이 나올 때마다 음악 이론을 배우는 방법도 물론 필요합니다. 하지만 음악 이론을 체계적으로 정리한 부분이 있다면, 선생님은 학생들에게 무엇을 가르칠지 알 수 있고 모르는 부분을 정확히 체크할 수 있습니다. 선생님은 시간을 들여 학생들에게 음악 이론과 제재곡을 가르칠 때 복습하는 차원에서 이론을 다시 살펴본다면 학생들의 머릿속에 더 오래 기억될 것입니다.

음악 이론의 체계

음악 이론을 어떻게 다루어야 할까요? 음악 이론은 양이 매우 방대하고 기준을 세우기가 쉽지 않습니다. 교육부에서 제시한 음악과 교육과정에서는 학년군으로 나누어(3~4학년, 5~6학년, 중학교, 고등학교) 개념 요소표를 제시하고 있습니다. 학년군별 기준은 좋은 방법이라고 생각합니다. 초등학교 중학년에서는 가장 기본 개념을 설명하고, 고학년에서 조금씩 심화되는 방법입니다.

저는 여기에서 조금 더 세부적으로 기준을 나누어야 한다고 생각합니다. 예를 들어 박자의 경우에는 박자(중학년) - 박자(고학년) - 여러 가지 박자(중학교)로 내용이 들어가야 합니다.

그렇다면 구체적인 박자를 알아봐야 합니다. 2/4박자, 3/4박자, 6/8박자, 12/8박자 등의 구체적인 개념을 교과서에 실어서 학생들이 다양한 박자가 정리되어 있는 표를 봐야 합니다. 다음 페이지부터의 내용은 바로 이와 같은 음악 이론의 체계 정리라고 생각하면 됩니다.

먼저, '리듬'에 대해 알아봅시다.

일정한 규칙으로 흐르는 소리의 진행

1. 음(표)과 쉼(표)이 길이를 달리하며

2. 일정한 규칙으로 연속적으로 진행하는 것

<출처 : 네이버 어린이 백과 >

여기서 음과 쉼이 길이를 달리한다는 것은 '음표'와 '쉼표'를 말합니다. 음표와 쉼표는 각각 이름이 있고, 길이가 모두 다릅니다. 국어의 기본이 한글이면, 음악의 기본은 음표와 쉼표입니다.

또한 일정한 규칙으로 연속적으로 진행하는 것은 '리듬꼴'을 말합니다. 음표와 쉼표는 어떠한 규칙으로 마디를 채웁니다. 예를 들어 4박자만큼을 채우라고 약속한다면 음표와 쉼표의 길이가 4박자가 되어야 합니다. 만약 그렇지 않으면 듣는 사람이 혼란스러울 수 있기 때문입니다. 학생들이 배우는 대부분 곡은 리듬꼴을 지키는 편이고, 만약 지키지 못한다면 '못갖춘마디'라는 말을 사용하여 예외를 둡니다.

정리하면, 음악 교과서에서 배워야 할 리듬에는 '음표, 쉼표, 리듬꼴'이 있습니다. 배우는 순서는 아래와 같습니다.

음표, 쉼표 이름 및 그리기 (온음(쉼)표, 2분음표, 4분음표, 8분음표, 16분음표)	**음표와 쉼표 길이 알기**	**음표와 쉼표로 리듬꼴 만들기**

음악 이론 ② – 가락의 기초

이제, '가락'의 개념을 알아봅시다.

> 흐름결을 바탕으로 높고 낮은 음들이 연결된 흐름

<출처: 네이버 아동백과사전>

주목할 것은 '높고 낮음'입니다. 리듬이 음의 '길고 짧음'이었다면, 가락은 음의 높낮이로 생각하면 됩니다. 그래서 흐름결은 바로 우리가 자주 사용하는 '멜로디'라는 말입니다. 음표를 배웠다면 공책에 적을 줄 알아야 합니다. 한글을 공부한 사람이 공책에 글을 쓰면 문장이 되고 글이 되는 것처럼 음표를 일정한 형식에 맞게 음악 공책에 적으면 가락이 되고 곡이 됩니다.

가락을 알기 위해 공부해야 하는 개념 요소에는 오선지에 음을 그리는 방법, 음이름, 계이름, 음계, 율명 등이 있습니다.

가장 먼저 음이름을 배운 후 오선지에 그리는 방법, 그리고 음계를 배웁니다. 음계에도 순서가 있습니다. 먼저 기본 음계를 배우고(1옥타브) 음과 음의 관계를 파악하게 합니다(차례가기와 뛰어가기). 그다음으로 장음계와 단음계를 배웁니다.

이를 표로 정리하면 아래와 같습니다.

음의 이름 (음이름, 계이름, 율명)	**오선지에 음표 그리기**	**음계** (기본 → 차례가기와 뛰어가기 → 장음계와 단음계)

음악 이론 ③ - 화성(화음)의 기초

이번에는 '화성'의 개념을 알아봅시다.

> 높이가 다른 음들이 동시에 조화 있게 울리는 것

(출처: 네이버 백과사전)

동시에 울리기 위해서는 2개 이상의 음이 사용되어야 하고, 조화 있게 울린다는 것은 아름다운 소리를 내는 것을 말합니다.

초등에서는 가장 기본적인 화음을 공부하게 됩니다. 1도화음(으뜸화음), 4도화음(버금딸림화음), 5도화음(딸림화음)이라고 해서 주요 3화음이라고 불리기도 합니다. 중등에서는 7화음을 배우고 마이너 코드도 배우게 됩니다.

화음이 중요한 이유는 소리가 아름답기 때문입니다. 함께했을 때 어울린다는 것은 마치 교실과 같습니다. 학생들이 함께 노래하고 활동하며 즐거운 교실을 만드는 것처럼 음악 활동에서도 함께 소리를 내며 음악을 만들어가는 과정이 아름답습니다. 2부 합창, 중창, 합주 등 다양한 음악 활동을 할 때 화음은 반드시 필요한 요소입니다.

이외에도 화성을 공부하면서 알아야 하는 것이 조표입니다. 샵(#)과 플랫(b)을 사용하여 음의 영역을 확장시킬 수 있고 조성을 바꿀 수 있습니다. 샵이 1개 붙은 조성을 사장조라고 하고, 플랫이 1개 붙은 조성을 바장조라고 합니다. 샵과 플랫이 붙는 순서와 조성에 따라 으뜸음이 바뀌게 되는데 이 내용은 쉽지 않습니다.

그래서 고민하다가 이러한 내용들을 쉽게 접할 수 있는 음악 놀이를 만들어 보았습니다. 놀이를 활용하면서 꿀팁을 천천히 읽어보면 내용을 이해하는 데 도움이 될 것입니다.

화성(화음) 놀이 순서는 다음과 같습니다.

화음의 개념 → 기본 3화음 → 조표 및 조성 배우기

음악 이론 ④ – 박자의 기초

박자는 무엇일까요? 박이 모인 것을 '박자'라고 합니다. 그렇다면 '박'은 무엇일까요?

음악적 시간을 구성하는 기본적 단위

<출처: 네이버 아동백과사전>

박은 시간과 관련 있습니다. 음악을 만드는 일정한 시간으로 나누어 '마디'를 만듭니다. 만약 시간이 일정하지 않다면 듣는 사람이 불안함을 느끼게 됩니다. 물론 일부러 효과를 주기 위해 박자를 바꾸는 경우도 있지만 대부분의 음악에서는 일정함을 추구합니다.

박자는 사람의 감정과 관련이 깊습니다. 예를 들어, 느린 박자에서는 안정감, 깊이, 우울함 등을 느낀다면, 빠른 박자에서는 흥분, 신남, 즐거움 등을 느낄 수 있습니다.

음악 교육과정에서 다루는 박자의 개념은 '박, 박자, 장단'입니다. 서양에서는 박자를 말하고, 국악에서는 박자를 장단으로 표현합니다.

그리고 4/4박자를 먼저 배우는 것이 좋습니다. 가장 기본적인 박자이며 많은 곡에 사용되기 때문입니다. 4/4박자를 배운 다음 2/4박자, 3/4박자로 넘어갑니다. 4박자 계열이라 금방 적응할 수 있습니다. 그다음으로 6/8박자로 넘어가면서 3/4박자와 비교하며 공부를 하는 것이 좋습니다.

박의 개념 (다양한 신체 표현 활동)	박자와 장단의 종류 (4/4박자 → 2/4, 3/4박자 → 6/8박자)	변박자

CHAPTER 01

음악의 3요소를 배우는 놀이 (리듬, 가락, 화성)

음표 블랙잭

• 준비물 : A4 용지 • 소요 시간 : 20분 • 대형 : 모둠별 • 활동 형태 : 모둠

블랙잭만큼 재미있지만 매우 건전한(?) 놀이

음표는 음악의 가장 기본입니다. 음표에서 배워야 하는 것은 음의 이름, 그리는 방법, 음의 길이입니다. 이 놀이는 음표를 처음 배울 때 활용할 수 있습니다. 음표의 합이 20을 넘느냐 마느냐에 따라 아슬아슬 줄타기로 즐거움이 가득합니다.

준비

01 A4 용지를 세 번 접어 8칸을 만든다.

𝅝 온음표	𝅗𝅥 2분음표	♩ 4분음표	♪ 8분음표
𝅝 온음표 (4박자)	𝅗𝅥 2분음표	♩ 4분음표	♪ 8분음표

<음표 쉼표 카드 만들기>

02 온음표, 2분음표, 4분음표, 8분음표를 그린다.

03 가위로 자른다. (1인당 8장의 카드 만들기)

04 모듬원끼리 잘 섞어서 카드를 합친다. (모둠원은 2~5명 정도)

05 카드를 뒤집은 상태로 2장씩 나눠 준다. 나머지 카드는 뒤집은 채 가운데 놓는다.

시작

01 첫 번째 학생이 카드 더미에서 1장을 가져가면 시계 방향으로 다음 학생이 가져간다.

02 음표 이름이 점수가 되며(2분음표는 2점, 4분음표는 4점 등), 카드를 한 장씩 가져갈 수 있다.

03 카드 숫자의 합이 20에 가장 가까워지는 학생이 이기게 된다.

04 자신의 카드가 20에 가깝다고 생각하면 가져가지 않아도 된다.

05 20에 가장 가까운 학생이 이기지만 20을 넘어가면 탈락하게 된다.

06 1라운드가 끝나면 점수를 계산한다.

☞ 5명일 경우 1등 10점, 2등 8점, 3등 6점, 4등 4점, 5등 2점이며, 20을 넘어가면 0점

07 5라운드를 진행하여 총 합산 점수가 높은 학생이 승리한다.

주의사항

① 음표 대신 쉼표를 그릴 수도 있으며, 음표 이름 대신 음의 길이로 대신할 수 있습니다.

☞ 음의 길이로 할 경우 4분음표 = 1점, 2분음표 = 2점, 점2분음표 = 3점, 온음표 = 4점

② 점수는 변경 가능합니다. 점수가 높은 순으로 등수를 매겨 계산할 수도 있고, 코인을 준비하여 1등에게 주는 형식으로도 가능합니다.

실제 수업 꿀팁

선생님의 역할

이 놀이는 학생들의 몰입감이 높고 규칙이 매우 쉬워 선생님이 개입할 필요가 별로 없습니다. 학생 개개인을 면밀히 관찰할 수 있기 때문입니다. 놀이를 할 때 학생들의 언어와 행동을 점검하기도 하고 놀이를 이해하고 있는지, 음표와 쉼표의 길이를 정확히 계산하는지 확인합니다. 선생님의 개입이 적다는 것은 그만큼 학생들을 자세히 관찰할 수 있는 기회입니다.

스테디셀러 놀이의 이유

놀이에도 스테디셀러가 있습니다. 카드 게임에는 원카드, 우노, 할리갈리 등이 있습니다.
이 놀이들의 공통점은 무엇일까요? 규칙이 쉽고 운의 요소가 있다는 점입니다. 만약 놀이를 만들고자 한다면 유명한 놀이들을 살펴보세요. 그리고 적용할 만한 콘텐츠를 찾으면 됩니다. 학생들을 대상으로 하기 때문에 반드시 검증된 놀이 위주로 하면 됩니다.

음표쉼표 할리갈리

• 준비물 : **A4 용지** • 소요 시간 : **20분** • 대형 : **모둠별** • 활동 형태 : **모둠**

쉬운 놀이 규칙과 끊을 수 없는 손맛

음표와 쉼표의 이름을 배울 때 활용할 수 있는 놀이입니다. 남녀노소 누구나 좋아하는 할리갈리 놀이에 음표 쉼표 이론을 적용하였습니다.

준비

01 A4 용지를 세 번 접어 8칸을 만든다.

02 온음표, 2분음표, 4분음표, 8분음표를 그린다.

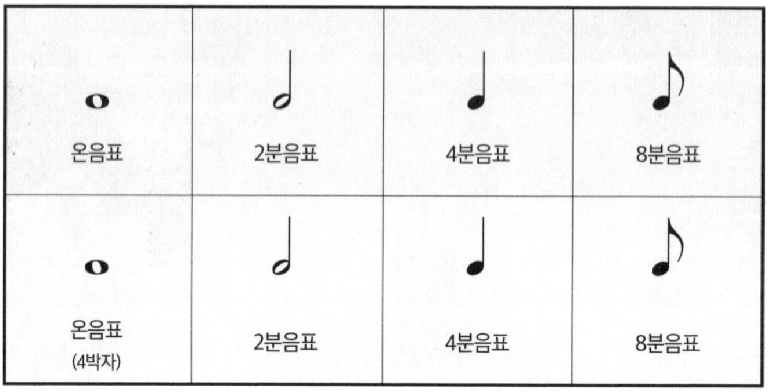

<음표 쉼표 카드 만들기>

03 8개의 음표 카드가 나오도록 가위로 자른 후 잘 섞는다.

04 8분음표를 제외하고 모둠원의 카드를 모두 섞고 뒤집어서 놓는다.
8분음표는 모둠원 수 정도만 넣는다.

05 모둠원에게 카드를 같은 개수로 나눠 준다.

06 뒤집은 상태로 할리갈리처럼 한 사람씩 카드를 보이게 놓는다.

시작

01 음표의 이름이 개수와 같다.

☞ 온음표 = 1개, 2분음표 = 2개, 4분음표 = 4개, 8분음표 = 8개

02 보이는 카드의 합이 8이 되면 가운데 있는 종을 친다.

03 8분음표가 나오면 무조건 종을 칠 수 있다.

04 종을 실수로 쳤을 경우 자신의 카드 1장을 종 밑에 둔다. 다음 판 승리하는 사람이 가져간다.

05 음표 놀이가 어느 정도 익숙해지면 똑같은 방식으로 쉼표 할리갈리도 할 수 있다.

주의사항

① 처음에 음표, 쉼표 이름이 친숙하지 않다면 기호를 그린 후 밑에 이름(2분음표, 4분음표 등)을 써서 시작하고, 익숙해지면 이름 없이 놀이를 합니다.

② 할리갈리 종이 없을 경우 가운데 컵이나 물건을 놓고 진행해도 좋습니다.

③ 놀이가 잘 이루어지면 음표와 쉼표를 섞어서 할 수도 있습니다.

실제 수업 꿀팁

무궁무진한 변형 가능

저는 이 놀이를 음표와 쉼표의 이름을 위해 활용했습니다. 그래서 음표 4개, 쉼표 4개로 제한하여 사용했지만 점음표(쉼표), 16분음표를 사용하여 새로운 놀이 규칙을 만들 수 있습니다. 점음표를 사용하고 싶은 경우 '온음표 = 1 , 2분음표 = 2, 점2분음표= 3, 4분음표 = 4'로 넣어서 사용할 수도 있고, 16분음표를 사용하여 합이 16이 되도록 할 수도 있습니다.

다른 교과에서도 충분히 적용 가능

할리갈리는 누구나 한 번쯤은 해 본 놀이라고 해도 과언이 아닐 정도로 유명합니다. 특히 학생들이 매우 좋아합니다. 쉬운 난이도와 규칙 덕분에 모두가 즐길 수 있는 놀이입니다. 그래서 이 놀이를 통해 다른 교과의 학습을 할 수 있습니다.

예를 들어 숫자를 사용하는 활동이나 무리를 지을 수 있는 학습 내용에 이 놀이를 적용할 수 있습니다. 현악기, 타악기, 관악기 등을 나누어 비슷한 악기끼리 모이면 종을 치게 할 수도 있고, 홀수와 짝수, 분수와 소수 등 다른 교과에서도 활용폭이 매우 넓습니다.

규칙 준수 및 협동심 키우기

대부분 학생이 이 놀이를 좋아하지만 순발력이 낮거나 계산을 늦게 하는 학생이 있어 힘들어하는 경우가 있습니다. 이럴 때는 잘하는 학생과 모둠을 짜서 하는 방법도 있습니다.

또한 규칙 준수를 해야 한다고 강조합니다. 카드를 뒤집을 때는 상대방 먼저 보이게 하는 점, 동시에 쳤을 때는 가위바위보를 하는 점 등을 주의시킵니다.

탈락이 없는 놀이, 승자와 패자가 없는 놀이

보통 놀이에서는 탈락이 있거나 승자와 패자가 갈립니다. 탈락한 학생들은 놀이가 끝날 때까지 기다려야 합니다. 하지만 이 놀이에서는 탈락이 없습니다. 자신이 카드를 잃었다고 하더라도 친구들의 카드를 계속 보며 책상을 칠 수 있습니다. 그리고 카드를 획득할 수 있다는 것을 알려줍니다.

또한 정해진 시간이 될 때까지 놀이를 하고 적절한 시간에 정리할 수 있도록 지도합니다. 선생님이 먼저 승자와 패자가 없다고 미리 알려주면 학생들이 편하게 놀이에 참여할 수 있습니다.

재사용이 가능

제가 하는 놀이들은 대부분 종이 놀이가 많아서 한 번 사용하면 버릴 수도 있습니다.

하지만 학생들이 여러 번 사용할 수 있도록 재사용이 가능하게 만드는 방법이 있습니다.

먼저, 음표 카드를 두꺼운 용지로 만들 수 있도록 합니다. 그러면 종이가 잘 찢어지지 않고 재사용이 가능합니다. 두 번째로, 종이를 자를 때 가위를 사용하도록 합니다. 종이를 예쁘게 잘라 사용하면 더 애착이 가고 여러 번 사용할 수 있기 때문입니다.

음표쉼표 선물입니다

• 준비물 : A4 용지 • 소요 시간 : 20분 • 대형 : 전체 • 활동 형태 : 개인

눈치싸움으로 음표와 쉼표를 저절로 익히는 놀이

음표와 쉼표의 길이를 배울 때 활용할 수 있는 놀이로서 음표를 (+), 쉼표를 (-)의 개념으로 생각해 만들었습니다.

숨 막히는 눈치싸움으로 놀이에 몰입할 수 있습니다.

준비

01 A4 용지 2장을 각각 3번씩 접어 8칸을 만든다.

02 온음표, 2분음표, 4분음표, 8분음표 각 2개와 온쉼표, 2분쉼표, 4분쉼표, 8분쉼표 각 2개를 만든다. (총 16칸)

𝅝 온음표 (4박자)	𝅗𝅥. 점2분음표 (3박자)	𝅗𝅥 2분음표 (2박자)	♩ 4분음표 (1박자)
𝅝 온음표 (4박자)	𝅗𝅥. 점2분음표 (3박자)	𝅗𝅥 2분음표 (2박자)	♩ 4분음표 (1박자)

<음표 쉼표 카드 만들기>

03 가위로 자른 후 모둠원의 카드를 모두 섞고 3장씩 나눠 준다.

04 나머지 카드는 뒤집어 중간에 놓는다.

05 여기에서 음표 카드는 (+) 점수, 쉼표 카드는 (-) 점수가 된다.

- 온음표 = 4점
- 2분음표 = 2점
- 4분음표 = 1점
- 8분음표 = 0.5점
- 온쉼표= -4점
- 2분쉼표= -2점
- 4분쉼표 = -1점
- 8분쉼표 = -0.5점

06 놀이에서 이기기 위해서는 (+) 점수가 높을수록 좋다. 다시 말해 자신의 카드는 (+)가 되고, 다른 친구의 카드는 (-)일수록 이길 확률이 높다.

시작

01 먼저 선을 정한 후 시계 방향으로 돌아간다.

02 첫 번째 학생은 자신의 뒤집혀 있는 카드를 선택해 상대방에게 주며 "선물입니

다."라고 말한다.

03 상대방은 받을 수도, 받지 않을 수도 있다. 받을 경우 "고맙습니다."라고 말하고, 받지 않을 경우 "괜찮습니다."라고 말한다.

04 받았을 경우 상대방은 카드를 보이도록 뒤집어 책상에 놓는다. 받지 않았을 경우 그 카드는 자신의 것이 되며, 역시 카드가 보이도록 뒤집어 자신의 책상에 놓는다.

05 카드는 항상 3장을 들고 있어야 한다. 상대방에게 받거나 거절당한 카드는 자신의 자리 앞에 둔다. 내려놓은 카드가 자신의 점수가 된다.

06 카드를 주었을 때는 뒤집혀 있는 중간 더미에서 1장 가져온다. 이렇게 들고 있는 카드는 항상 3장이 되어야 한다.

07 5라운드를 돌며 놀이를 진행하고, 놀이가 끝나면 뒤집혀 있는 카드의 점수를 계산한다.

08 (+) 점수가 가장 높은 학생이 승리한다.

주의사항

① 저학년이거나 소수의 개념이 어렵다면 8분음표 대신에 점2분음표, 점2분쉼표를 넣어도 됩니다. 즉, 8분음표(0.5점) 대신에 점2분음표(3점) , 8분쉼표(-0.5점) 대신에 점2분쉼표(-3점)를 넣습니다.

② 놀이가 어느 정도 익숙해지면 새로운 규칙을 넣을 수 있습니다.
예를 들어 자신이 가지고 있는 3장의 카드가 모두 같을 경우 상대방의 카드와 바꿀 수 있거나, 시계 방향으로 진행되는 놀이를 일정 라운드에서 방향을 바꿀 수도 있습니다.

실제 수업 꿀팁

신체형 놀이와 머리형 놀이의 조화

앞서 소개한 '음표쉼표 할리갈리'가 신체형 놀이에 가깝다면 '음표쉼표 선물입니다'는 머리형 놀이에 가깝습니다.

'음표쉼표 할리갈리'는 순발력이 필요합니다. 책상을 빠르게 내리쳐야 하기 때문입니다. 하지만 '음표쉼표 선물입니다' 놀이에서는 순발력이 필요하지 않습니다. 상대방의 마음을 읽기 위해 노력하기 때문입니다.

이 두 가지 놀이를 적절히 조화시켜야 학생들이 받아들이기 좋습니다.

규칙을 새롭게 만들어 보세요

학생들과 놀이를 하다 보면 새로운 규칙들이 탄생되기도 합니다. 자신이 들고 있는 카드가 같을 때 다른 친구들의 점수 카드와 바꾸는 것도 놀이를 하면서 만들게 되었습니다. 학생들에게 놀이가 끝나면 소감과 함께 새로운 규칙을 적용시킨다면 어떤 것이 있을지 물어봅니다. 의외로 학생들이 더 창의적입니다. 학생들이 만든 규칙을 적용한다면 훨씬 주도적으로 놀이에 참여합니다.

종이 놀이를 고집하는 이유

저는 종이 놀이를 좋아합니다. 이유가 있습니다. 먼저 자신의 손으로 직접 종이에 쓰고 놀이를 할 때 계속 눈으로 확인하게 됩니다. 한 번 써서 익혀지면 좋겠지만 대부분의 학습은 수많은 반복과 숙달의 과정입니다. 종이 놀이에서 먼저 종이에 쓰게 하고, 종이를 만지며 놀이를 하게 한 후 마지막으로 놀이에서 공부한 내용을 공책에 써 보게 하는 것을 추천합니다. 여러 번 쓸수록 학생들의 머릿속에 많이 남게 됩니다.

음표쉼표 가위바위보

• 준비물 : **A4 용지** • 소요 시간 : **20분** • 대형 : **일제식** • 활동 형태 : **전체**

학생들이 가장 좋아하는 놀이, 공격과 수비

대부분 놀이에는 공격 모둠과 수비 모둠이 있습니다. 적절한 승부욕을 통해 상대 모둠과의 한판 승부로 짜릿함을 맛볼 수 있는 놀이입니다.

준비

01 반 학생들을 두 모둠으로 나눈다.

02 학생들은 A4 용지를 3번 접어 8칸을 만든다.

03 한 모둠은 음표만, 다른 모둠은 쉼표만 그린다.

• 온음표 = 2개	• 2분음표 = 2개	• 4분음표 = 2개	• 8분음표 = 2개
• 온쉼표= 2개	• 2분쉼표= 2개	• 4분쉼표 = 2개	• 8분쉼표 = 2개

04 모두 만들면 가위로 잘라서 8장의 카드를 만들고 빈 바구니에 넣는다.

☞ 바구니를 두 개로 나누어 공격 모둠 카드, 수비 모둠 카드를 각각 넣는다.

시작

01 '시작' 소리와 함께 각 모둠원은 자신의 바구니에서 카드 1장을 꺼낸다.

02 다른 모둠을 찾아서 서로 인사를 한 후 가위바위보에 맞추어 카드를 서로 보여준다.

03 음표와 쉼표의 길이 비교를 통해 점수를 얻는다.

- 음표가 쉼표보다 길 경우 (예 : 2분음표 VS 4분쉼표) → 공격 모둠 1점
- 음표와 쉼표가 같을 경우 (예 : 2분음표 VS 2분쉼표) → 수비 모둠 1점
- 음표가 쉼표보다 짧을 경우 (예 : 4분음표 VS 2분쉼표) → 점수 없음

04 바구니의 카드를 모두 사용하면 경기가 끝나며, 칠판에 있는 점수를 모두 더하면 공격 모둠의 점수가 된다.

05 공격 모둠과 수비 모둠이 서로 역할을 바꿔서 대결한다. 총 3라운드 진행하며 총합이 높은 모둠이 승리한다.

주의사항

① 이 놀이의 전략을 학생들이 직접 세우면 좋습니다. 수비 모둠의 경우 가장 점수를 많이 얻는 전략은 같은 길이의 쉼표를 내는 것입니다. 이 놀이를 통해 자연스럽게 길이가 같은 음표와 쉼표를 알게 됩니다.

② 8분음표나 8분쉼표의 경우 점수가 0.5이기 때문에 소수를 아직 배우지 않거나

어렵다면 점2분음표로 대체해도 좋습니다. (점2분음표, 점2분쉼표는 3박자)

실제 수업 꿀팁

공격과 수비로 모둠을 나눌 때 주의할 점

놀이를 할 때 공격과 수비로 나누면 한 가지 위험한 상황이 발생됩니다. 바로 거의 비슷하게 놀이가 진행되다가 마지막 기회에서 승부가 갈리게 될 때가 있습니다. 이때 마지막 주자가 큰 부담감을 갖게 됩니다. 이기게 되면 기분이 좋지만 진 학생은 마치 자신 때문에 진 것처럼 느낄 수 있기 때문입니다. 그래서 공격과 수비로 나누어 모둠끼리 대결할 때는 모두가 경기에 집중하게 해서 다른 친구를 신경 쓰지 않도록 합니다. 한꺼번에 움직이게 하는 겁니다.
이긴 학생과 진 학생이 특정되지 않도록 놀이를 진행하는 것이 중요합니다.

동전의 양면, 모둠 대결

모둠 대결을 하는 것은 학생들에게 경쟁심과 도전심을 안겨주지만, 반대로 싸우고 비난하는 경우가 생깁니다. 선생님은 미리 학생들에게 주의를 주어야 합니다.

"이 놀이는 모둠 대결이지만 규칙을 반드시 지켜야 합니다.
그것은 상대방을 비난하지 않는 것입니다.
비난하게 되면 경고를 받고 퇴장을 당할 수 있습니다."

이렇게 단호히 말해야 합니다.

쉼표 도둑을 잡아라

• 준비물 : 20개의 음표와 쉼표 카드 • 소요 시간 : 20분 • 대형 : 모둠별 • 활동 형태 : 모둠

스릴 있고 긴장감 넘치는 활동

도둑 잡기는 이미 다양한 방식으로 많이 활용되는 놀이입니다. 고스톱이나 트럼프 카드 게임, 보드 게임 등에서 도둑 잡기의 규칙을 변형하거나 응용한 방식을 쉽게 찾아볼 수 있습니다. 그만큼 남녀노소 누구에게나 재미있는 활동이며, 학습에도 쉽게 응용할 수 있는 방식입니다.

다른 교과의 주제에도 쉽게 적용할 수 있으며, 학생들이 직접 문제를 만들 수도 있기 때문에 활용도가 매우 높은 학습 놀이입니다.

준비

01 '모둠 수 × 4장'의 카드 세트를 만든다. 예를 들어 5모둠이면 20장의 카드를 만든다. 이때 음표를 16장, 쉼표를 4장 정도의 비율로 한다.

■ 차차르트 블로그 blog.naver.com/fgfc12 참조

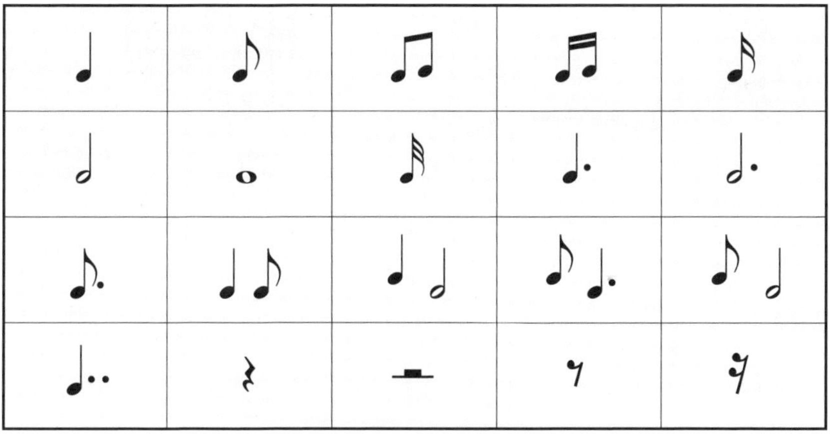

<음표 16개와 쉼표 4개로 구성>

02 모둠을 만들고 각 모둠에 4장씩 나눠 준다.

03 각 모둠은 받은 카드를 확인한 후 책상에 4장의 카드를 뒤집어서 나열해 놓는다.

04 이 활동은 결과적으로 자신의 모둠에 쉼표 카드가 있으면 지게 된다. 라운드가 시작되면 옆 모둠이 자신의 모둠 카드 한 장을 뽑아 가기 때문에 쉼표 카드를 상대방이 뽑아 갈 수 있도록 나름 전략적으로 카드를 배치한다.

<카드를 배치하는 모습>

시작

01 1라운드가 시작되면 동시에 각 모둠의 1번 학생이 옆 모둠으로 가서 카드를 한 장 뽑아 온다.

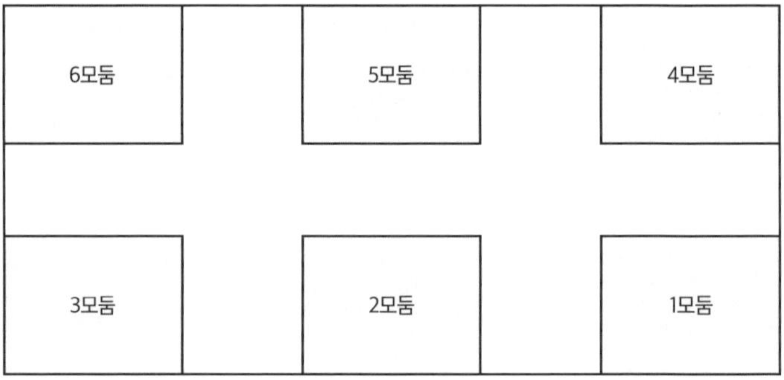

<시계 방향으로 1모둠은 2모둠, 2모둠은 3모둠, 3모둠은 6모둠의 카드 뽑기>

02 뽑은 카드를 확인한 뒤 적절한 연기를 하며 다시 카드를 배치한다.

☞ 적절한 연기란 옆 모둠이 계속 예의 주시하기 때문에 쉼표 카드를 뽑았는데도 안도의 한숨을 내쉬거나 음표 카드를 뽑아놓고도 좌절하는 모습을 뜻한다.

03 2라운드는 각 모둠의 2번 학생이 옆 모둠으로 가서 카드를 1장 뽑아 온다.

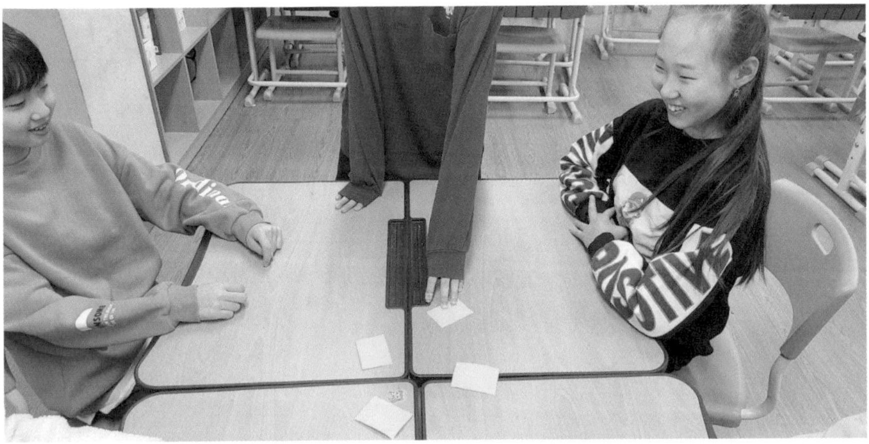

<옆 모둠의 카드를 받는 모습>

04 6~8라운드까지 마친 뒤 쉼표 카드가 없는 모둠이 승리한다.

주의사항

① 쉼표 카드가 많은 모둠이 승리하는 방식으로 변형해도 됩니다.

실제 수업 꿀팁

모둠 내 활동으로 변형

각 모둠이 4장씩 받는 것이 아니라 20장씩 한 세트를 모두 받고 1명당 5장씩 카드를 받아 활동해도 됩니다. 활동 방법은 아래와 같습니다.

01 모둠의 1번 학생이 카드 5장을 상대방이 카드를 볼 수 없게 들고 있는다.

02 모둠의 2번 학생이 1번 학생의 카드 중 한 장을 뽑는다.

03 이번에는 모둠의 2번 학생이 카드 5장을 들고 있는다.

04 모둠의 3번 학생이 2번 학생의 카드 중 한 장을 뽑는다.

05 이런 과정을 반복하여 정해진 시간이 됐을 때 쉼표 카드가 없는 학생이 승리한다.

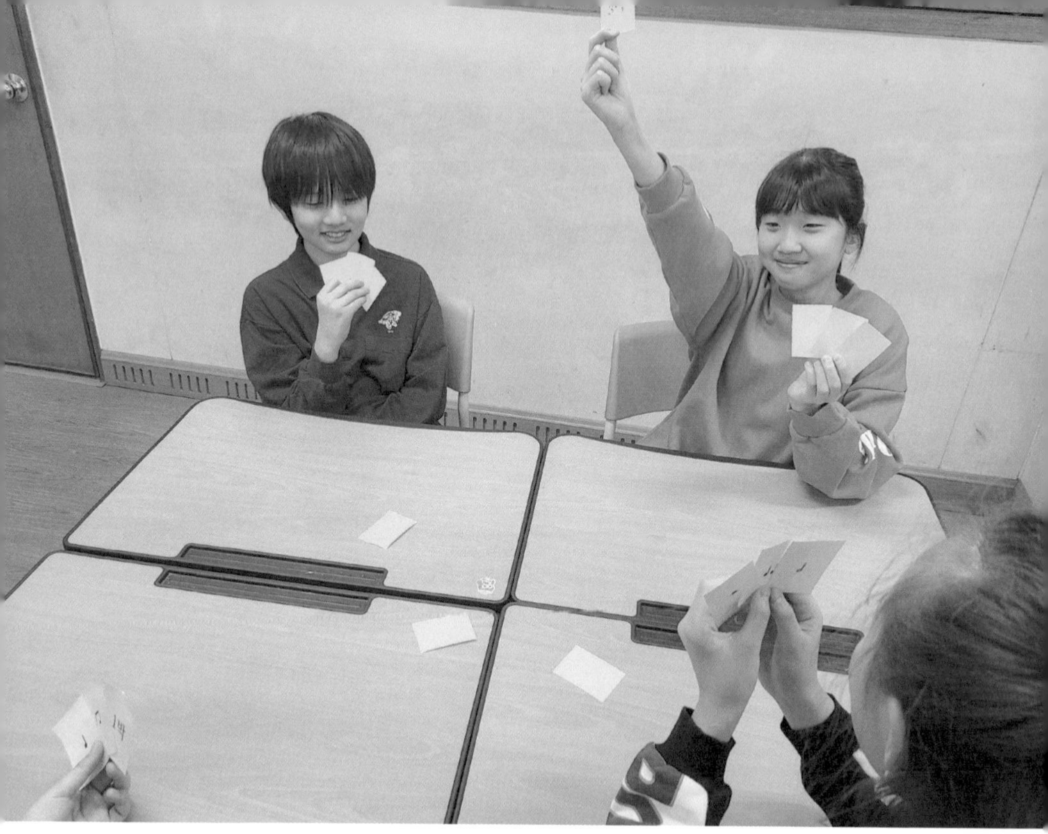

리듬 딩고

• 준비물 : **3~4장이 한 쌍인 카드 4세트** • 소요 시간 : **20분** • 대형 : **모둠별** • 활동 형태 : **모둠**

카드 게임의 묘미

보드 게임을 응용한 딩고 카드 게임은 이미 널리 전파된 학습 놀이입니다. 그만큼 학습에 효과적이며, 진짜 카드 게임을 하는 것처럼 실감나고 재미있습니다. 게다가 준비물도 쉽게 준비할 수 있습니다.

준비

01 1박자부터 4박자까지를 표현하는 음표와 쉼표가 4장씩 1쌍으로 이루어진 카드를 출력하여 나눠 주어도 되고, 모둠에서 1박자부터 4박자까지 색지에 직접 적어 만들어도 된다.

02 뒷면이 보이지 않게 색지로 출력한다.

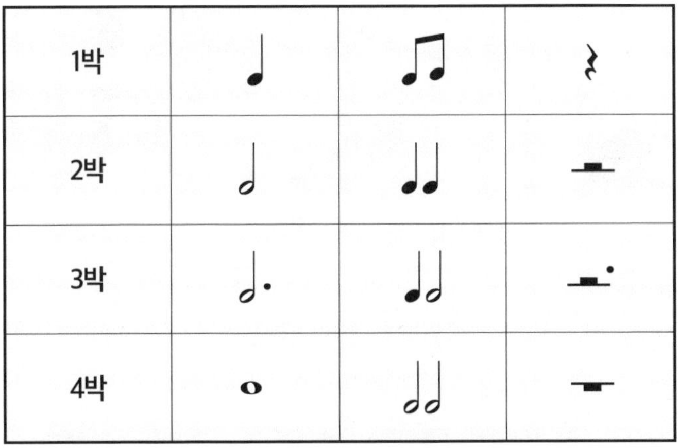

<4장당 1쌍으로 1박자부터 4박자까지 음표와 쉼표의 쌍을 지은 카드>

시작

01 모둠당 한 세트씩 가져가서 잘 섞은 뒤 한 명당 4장씩 가진다.

☞ 이 활동은 4장이 모두 같은 박을 나타내는 카드를 모은 학생이 승리한다.

02 자신이 받은 카드 4장 중 쌍을 만드는 데 필요 없는 카드를 생각해둔다.

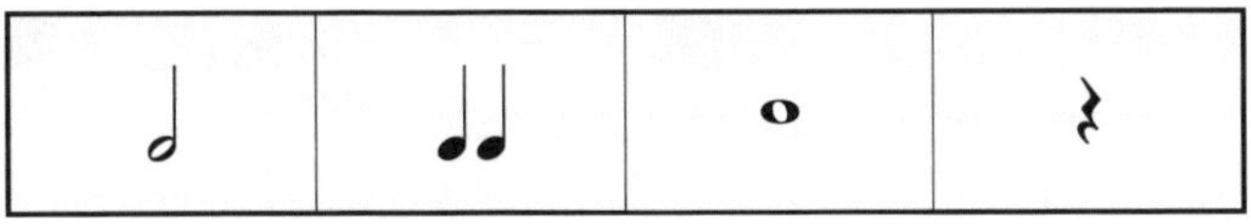

☞ 위와 같다면 2박을 나타내는 카드가 2장이므로 나머지 4박을 나타내는 온쉼표와 1박을 나타내는 4분쉼표는 필요 없다.

<필요 없는 카드를 고르는 모습>

03 모둠장의 "버려!" 외침과 동시에 필요 없는 카드 한 장을 뒤집어 가운데에 내려놓는다.

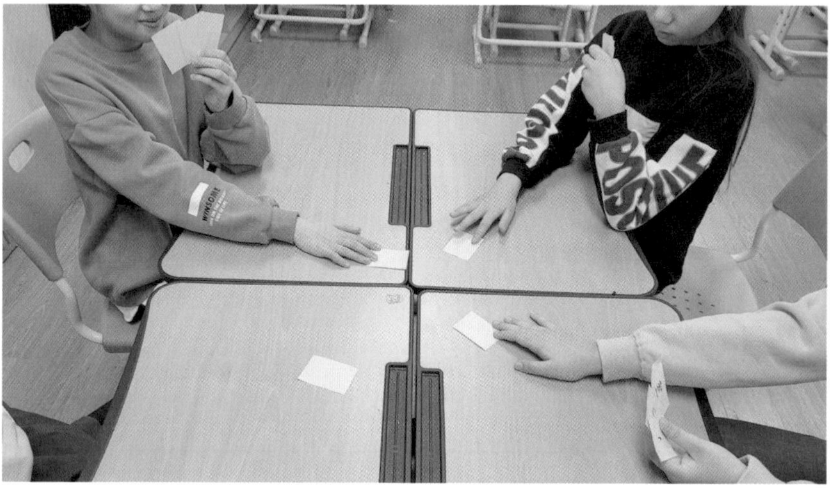

<필요 없는 카드를 뒤집어 내려놓는 모습>

04 모둠장의 "집어!" 외침과 동시에 가운데에 있는 카드 중 한 장을 뽑아 온다.

05 다시 자신이 가지고 있는 카드들이 같은 박으로만 이루어졌는지 확인한다.

06 가지고 있는 모든 카드가 같은 박으로 이루어지기 전까지 '02~04'의 과정을 반복한다.

07 가지고 있는 모든 카드가 같은 박으로 이루어진 한 쌍이 된 학생은 "딩고!"를 외친다.

08 나머지 학생들은 딩고를 외친 학생의 카드가 한 쌍이 맞는지 확인하고, 딩고를 외친 학생은 1점을 체크한다.

09 처음부터 다시 시작한다.

주의사항

① 모둠장은 투표를 통해 배려심이 많고 느긋한 학생으로 선정합니다. 느긋하지 않고 두뇌 회전이 빠른 모둠장은 다른 학생이 카드를 미처 확인하기도 전에 "버려!"를 외치기 때문입니다.

실제 수업 꿀팁

만들면서 학습하고 놀이하며 학습한다

4 X 4로 16칸의 표가 인쇄된 색지를 모둠에 한 장씩 나눠 줍니다. 그리고 4가지 주제를 칠판에 제시한 후 각각의 주제에 알맞은 단어나 문장들을 채웁니다. 모두 만들면 선생님께 점검받은 뒤 카드를 오리게 하여 1세트를 완성합니다. 모든 모둠이 1세트를 완성하면 옆 모둠으로 카드를 넘겨줍니다. 그리고 옆 모둠에게 받은 카드 세트로 딩고 학습을 합니다.
정해진 시간이 되면 또 카드를 옆으로 넘기며 모든 모둠이 만든 카드 세트로 딩고 학습을 합니다. 문제를 만들며 학습하고, 다른 모둠의 카드들로 놀이하면서 지식을 공유합니다.

딩고 토너먼트

일정 시간 딩고를 한 뒤 모둠 내에서 1등을 한 횟수를 등수로 정합니다. 그리고 같은 등수끼리 모둠을 재구성하여 대결을 펼칩니다. 1등을 한 학생끼리, 2등을 한 학생끼리 모여 모둠을 구성하는 방식입니다. 실력이 비슷한 학생끼리 대결하기 때문에 긴장감과 박진감이 넘치는 딩고를 즐길 수 있습니다.

가락 007 빵

• 준비물 : **A4 용지** • 소요 시간 : **10분** • 대형 : **모둠별** • 활동 형태 : **모둠**

우리가 아는 007의 업그레이드 놀이

어렸을 때부터 계이름이 무엇인지 배웁니다. 유치원생들도 계이름은 부를 수 있을 정도로 쉽습니다. 그럼 초등학교에서는 무엇을 배워야 할까요? 계이름을 처음 배울 때 '음계'라는 것을 알려주면 좋습니다. 음계에서 쓰이는 '도, 레, 미, 파, 솔, 라, 시, 도'를 감각적으로 알게 하는 놀이입니다.

준비

01 이 놀이는 '도, 레, 미, 파, 솔, 라, 시, 도' 까지의 음계를 공부하는 것으로서, 놀이를 하기 전에 '도에서 높은 도'까지 올라간 후 다시 내려가는 연습을 한다.

(예 : 도 레 미 파 솔 라 시 높은도 시 라 솔 파 미 레 도)

02 카드를 모둠별로 나눠 준다. (한 모둠에 약 4장)

■ 차차르트 블로그 blog.naver.com/fgfc12 참조

"큼"이라고 1번 소리를 낸다.	"큼"이라고 2번 소리를 낸다.	한 음을 소리 낸다. (도부터 시작했으면 도, 그다음은 레…)	두 음을 소리 낸다. (도레, 미파…)
	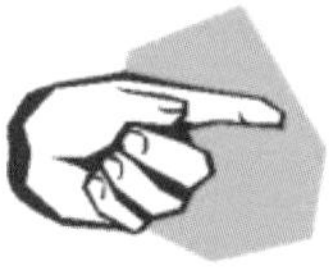		
말하지 않는다.	다른 사람을 지목한다.	'랜덤' - 자신이 원하는 미션 넣기	'랜덤' - 자신이 원하는 미션 넣기

<가락 007 빵 카드>

03 카드를 가위로 자르고 똑같은 개수로 나눈다.

04 카드의 그림에 맞게 미션을 수행한다.

시작

01 각 카드의 내용은 다음과 같다.

☞ 경찰 : 소리를 한 음만 낸다. (시작하는 사람이라면 "도"라고 소리를 낸다.)

☞ 경찰 두 명 : 소리를 두 음 낸다. ('레미', '파솔'··· 식으로 한다.)

☞ 전화기 : "큼" 소리만 낸다. 하지만 다음 사람은 1음 건너뛰고 한다.

☞ 전화기 두 대 : "큼큼" 소리를 낸다. 다음 사람은 2음 건너뛰고 한다.

☞ 주먹 : 말하지 않고 조용히 넘어간다. 다음 사람은 1음 건너뛰고 한다.

☞ 손가락 : 다른 사람을 지목한다. 지목한 사람이 음을 내야 한다.

02 여기까지 먼저 놀이를 진행한다. 소리는 '도 ~ 레 ~ 미 ~ 파 ~ 솔 ~ 라 ~ 시 ~ 높은 도 ~ 시 ~ 라 ~ 솔 ~ 파 ~ 미 ~ 레 ~ 도' 이렇게 올라갔다가 내려오면 된다.

03 중간에 다른 계이름을 말하거나 미션이 틀렸을 경우 -1점이 된다. 제한 시간까지 0점에 가까운 학생이 승리하게 된다.

04 놀이에 익숙해지면 랜덤 카드에 학생들이 원하는 미션을 넣는다.

(예 : 손뼉 치기, 일어났다가 앉기, 새소리 내기 등)

주의사항

① 가락을 배우는 수업이기 때문에 학생들이 실제 계이름을 소리로 내도록 지도합니다.

② 다장조에서는 도부터 도까지 부르지만 사장조, 바장조 등의 다른 조성을 배울 때도 좋습니다.

(예 : 사장조 - 솔 라 시 도 레 미 파샵 솔 / 바장조 - 파 솔 라 시플랫 도 레 미 파)

실제 수업 꿀팁

플랫과 샵이 붙었을 때 계이름 부르는 방법

도, 레, 미, 파 등과 같이 정해진 계이름이 있는 경우 상관없지만 플랫이나 샵이 붙는 경우 도 플랫(b), 도샵(#)이라고 부릅니다. 음이름으로 표현할 때는 '올림다, 내림다.'라고 부르기도 합니다. 그런데 이렇게 부를 경우 글자 수가 많아집니다.

한 글자로 말하고 싶다면,

'도샵 ~ 디, 레샵 ~ 리, 파샵 ~ 피, 솔샵 ~ 실, 라샵 ~ 리'

한 음계를 정리하자면,

'도 - 디(도#) - 레 - 리(레#) - 미 - 파 - 피(파#) - 솔 - 실(솔#) - 라 - 리(라#) - 시 - 도'

이렇게 됩니다.

학생들과 놀이할 때 미리 알려주면 유익한 정보가 됩니다.

음계 계단

• 준비물 : A4 용지 • 소요 시간 : 30분 • 대형 : 모둠별 • 활동 형태 : 모둠

한 음씩 계단처럼 올라갔다 내려오자

음정을 익히기 위해서는 한 음씩 집중해서 연습해야 합니다. 이 놀이는 계이름과 자신의 소리가 일치되는지 확인할 수 있습니다. 난이도가 매우 낮아 저학년도 즐길 수 있는 놀이입니다.

준비

01 A4 용지를 나눠 주고 오선지에 음표를 그리도록 한다.

■ 차차르트 블로그 blog.naver.com/fgfc12 참조

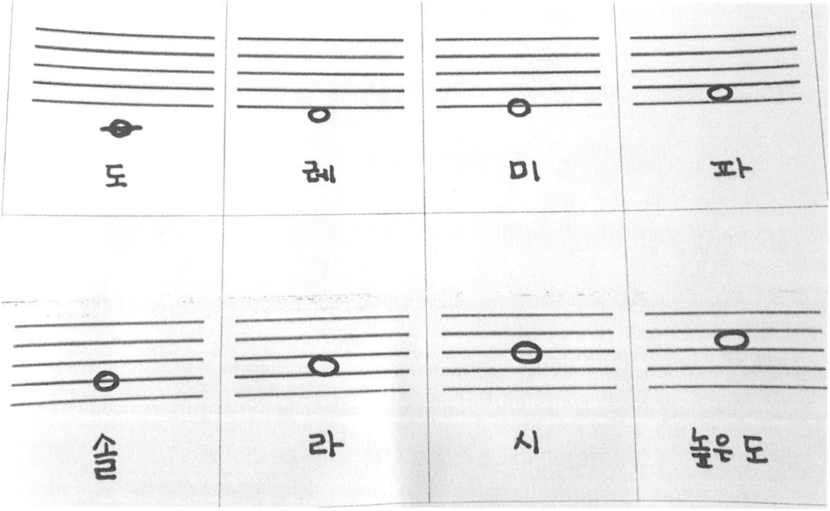

<음계 계단 그리기>

02 가위로 카드를 잘라 8장을 만들고 잘 섞는다.

03 자신의 카드를 뒤집어 놓은 채 모둠 책상 위에 올려놓는다.

시작

01 한 학생씩 돌아가며 카드를 뒤집는다.

02 카드를 뒤집으며 계이름 한 음을 소리 낸다. 소리는 '도 ~ 레 ~ 미 ~ 파 ~ 솔 ~ 라 ~ 시 ~ , 높은도 ~ 높은도 ~ 시 ~ 라 ~ 솔……' 순으로 한 음계를 오르락내리락하면 된다.

03 이때 자신의 소리와 카드의 계이름이 같으면 책상을 친다.

04 책상을 먼저 친 학생이 카드를 획득한다. 정해진 시간 내 카드를 많이 획득하는 학생이 승리한다.

주의사항

① 계이름은 음정을 생각하면서 소래 내게 하면 좋습니다. 하지만 음감이 떨어지거나 자신의 음역대가 아닌 경우 힘들어 하는 학생들이 있어 강요하지 않습니다.

② 카드는 상대방이 보이는 쪽으로 뒤집도록 지도합니다.

③ 책상을 동시에 쳤을 경우 가위바위보로 승부를 결정합니다.

실제 수업 꿀팁

전체 시범을 통해 음계 계단을 익히자

음계 계단을 효과적으로 익히는 방법을 소개합니다. '도'부터 '높은 도'까지 올라갔다가 내려오는 활동을 전체에게 시키는 방법입니다. '도'부터 시작해서 옆 학생이 '레', 그다음 학생은 '미'…… 이런 식으로 높은 도까지 올라간 후 다시 '도 ~ 시 ~ 라 ~ 솔 ~ '로 내려가도록 모든 학생에게 시키면 놀이 방법을 익히는 데 큰 도움이 됩니다.

저학년도 할 수 있는 최고의 보드 게임

이 놀이의 모티브가 된 보드 게임은 '타코캣고트치즈피자'입니다. 활동 방법이 매우 쉬워 저학년이 즐기기에도 충분히 좋은 놀이입니다. 또한 전 교과에 적용 가능합니다. 사회 시간의 시대별 나라 이름, 사건의 순서, 수학 시간에 연산 관련 단원, 한글 배울 때, 알파벳 배울 때 등 다양하게 활용할 수 있으니 다른 교과에도 적용해 보세요.

음감을 익히는 방법

가끔 주변에서 '저 사람은 절대음감이야!'라는 말을 들어보았을 겁니다. 사람의 머리에 음이 내재되어 있어 어떤 음을 들었을 때 정확히 계이름을 말할 수 있는 경우 '절대음감'이라고 합니다. 절대음감은 타고나는 부분도 있겠지만 후천적으로 길러지기도 합니다. 계이름을 여러 번 듣다 보면 익혀지기도 합니다. 그래서 이 놀이의 사전 또는 사후 활동으로 음을 들려주고 어떤 계이름인지 맞혀 보기 활동을 하는 것도 좋습니다. 난이도 조절을 위해서 문제의 범위를 3음 정도로 시작해서 음을 조금씩 확장시키면 도움이 됩니다.

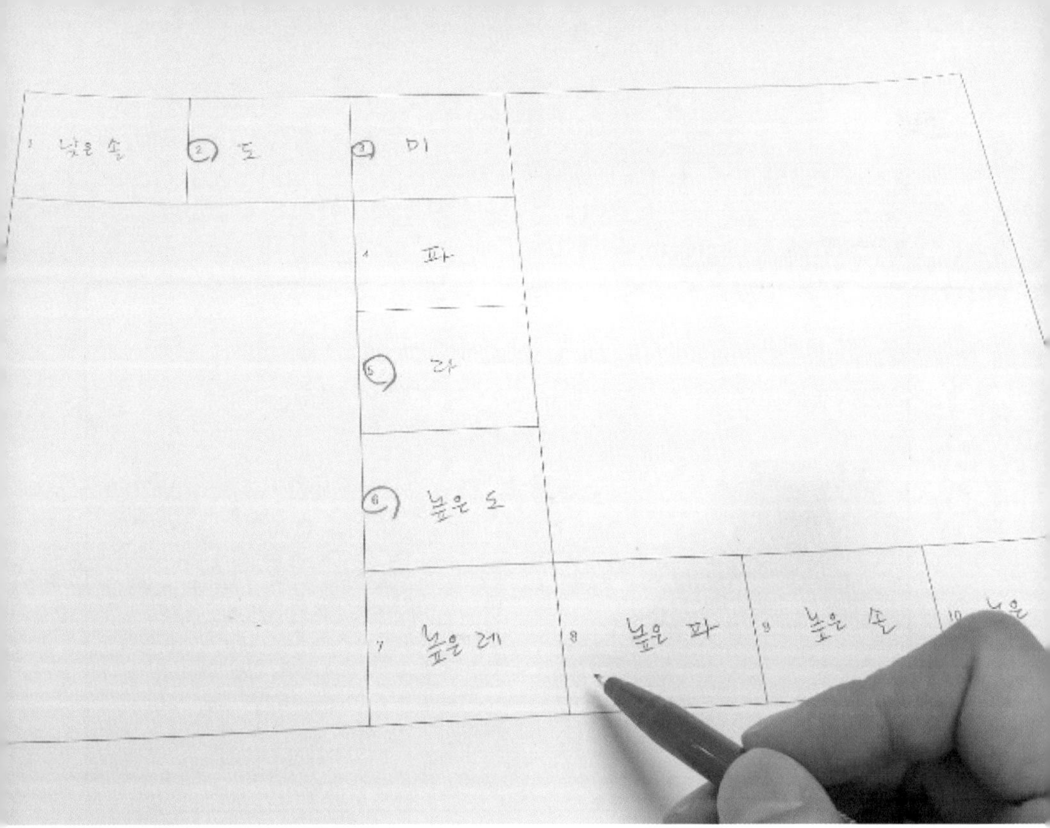

음계 사다리

• 준비물 : **종이판** • 소요 시간 : **10분** • 대형 : **일제식** • 활동 형태 : **전체**

악보에 직접 계이름을 차곡차곡 쌓아보자

학생들이 배우는 기본 음계는 흰 건반으로 되어 있습니다. 학생들에게는 흰 건반 사이의 검은 건반 위치가 헷갈릴 수 있지요. 악보를 그리고 음의 높낮이를 감각적으로 익히는 놀이입니다.

준비

01 종이판을 나눠 준다. 종이판은 10칸으로 나누어져 있고 각 칸에 오선이 있다.

■ 차차르트 블로그 blog.naver.com/fgfc12 참조

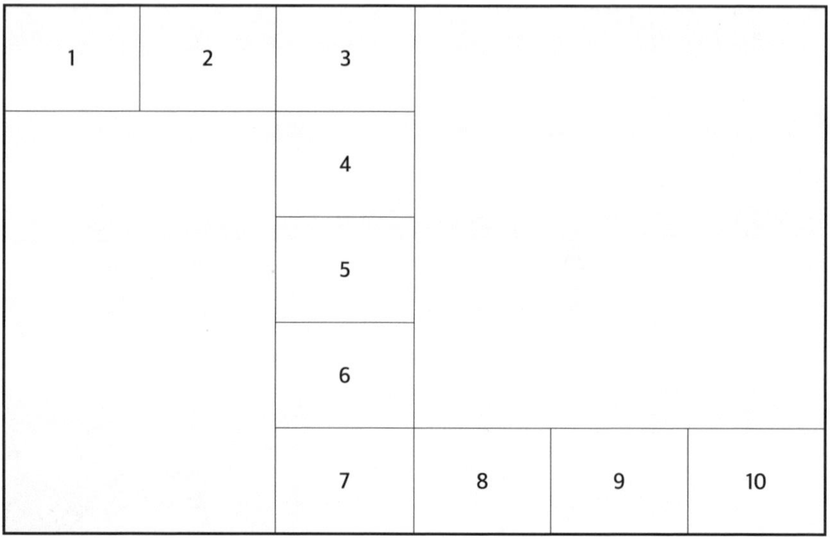

02 오선에 그릴 수 있는 범위를 알려준다. (낮은 솔에서 높은 라까지 16음)
카드는 16음이 각 2장씩 있어서 32장을 가지고 있다고 미리 알려준다.

03 점수를 많이 얻기 위해서는 10칸이 서로 오름차순(계단식)으로 연결되게 하는 것임을 미리 설명한다. '도~레~미~파~' 식으로 연결시키면 점수가 높다.

시작

01 선생님은 미리 만든 16개의 카드를 뒤집고 무작위로 1장을 빼서 부른다.

02 학생들은 10칸 중 자신이 원하는 칸에 그 계이름을 적는다.

03 선생님은 카드를 10번 뒤집고, 그때마다 학생들은 칸에 계이름을 적어 모든 칸을 완성한다.

04 10번이 끝난 후 점수 계산을 한다.

05 점수는 연결된 숫자의 합이다. 예를 들어 '도-미-파' 이렇게 3개까지 연결시켰다면 점수는 3점이 되고, 그 뒤에 다리처럼 연결이 되지 않으면 연결이 된 부분만 다시 계산하면 된다. 같은 음이 2번 나왔을 경우는 연결된 것으로 간주한다.

주의사항

① 이 놀이는 다음 페이지의 '멜로디 하이' 놀이를 한 후에 하는 것이 좋습니다.

② 처음에는 '낮은 솔'이나 '높은 라' 정도의 음계에서 시작하는 것이 좋으며, 학생들이 어느 정도 숙달되면 올림표(#)와 내림표(b)를 넣으면 난이도가 올라갑니다.
(예 : 도, 도#, 레 레#, …)

실제 수업 꿀팁

이론은 수업 초기에

놀이를 진행하다 보면 학생들의 집중력이 흩어질 때가 있습니다. 그리고 다시 집중시켜 설명하는 것은 상대적으로 어렵습니다. 그래서 놀이 활동을 하기 전 수업 초기에 이론을 설명하는 것이 좋습니다. 저는 수업 초기와 후기에 설명하는 편입니다. 수업 중간에 학생들이 활동에 흠뻑 빠지도록 수업 초기에 이론을 알려주세요.

이 활동의 음악 개념 요소 - 음계, 계이름, 옥타브

학년에 따라 음악 개념 요소를 적절히 소개하면 좋습니다. 먼저 음계, 계이름은 저학년도 충분히 이해할 수 있습니다. 음계는 음의 계단이고, 계단을 들쭉날쭉 만들면 문제가 생기듯 음계도 한 칸씩 올라가야 한다는 점, 각 계단에는 이름이 있다는 점을 알려줍니다.
고학년일 경우 옥타브에 대해서 추가 설명할 수 있습니다. 도에서 7음을 더 올라가면 다시 반복되는데, 한 음계가 완성되면 옥타브라고 한다는 점을 알려줍니다. 가수들이 3옥타브 도까지 올라간다는 말을 직접 소리로 들려주는 것도 좋은 방법입니다.

멜로디 하이

• 준비물 : A4 용지, 주사위 • 소요 시간 : 20분 • 대형 : 모둠별 • 활동 형태 : 모둠

기억력과 운이 모두 필요한 멜로디 놀이

음표와 쉼표 그리는 방법을 알았다면 이것을 오선지에 옮길 줄 알아야 합니다. 오선지의 계이름을 읽거나 쓸 때 활용할 수 있는 놀이입니다. 이 놀이 하나면 악보에서 계이름 읽는 것이 어렵지 않습니다.

시작

01 A4 용지를 나눠 주고 오선지에 음표를 그리도록 한다.

■ 차차르트 블로그 blog.naver.com/fgfc12 참조

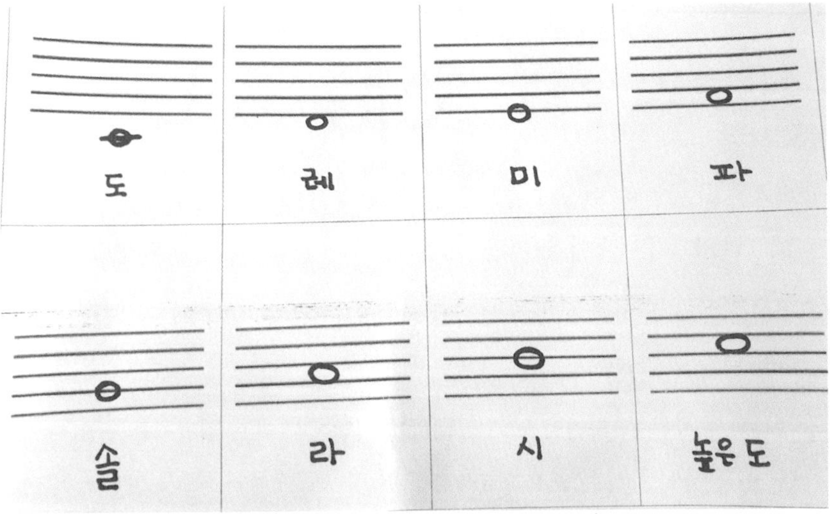

<오선지에 음표 그리기>

02 도에서 높은 도까지 그리면 총 8개의 음표를 그릴 수 있다.

03 학생들이 만든 카드를 섞고 한 군데에 모아둔다.

04 3 × 3으로 카드(총 9장)를 배열하고, 나머지 카드는 한 군데에 놓는다.

05 주사위를 굴려서 나온 숫자(2~5)만큼 카드를 뒤집는다. 다만, 1은 1장만 뒤집으므로 꽝이며, 6은 뒤집지 못하고 카드 배열을 바꾸기만 한다.

06 숫자를 뒤집을 때 점점 높은 계이름이 나와야 한다. 성공하면 자신의 카드가 된다.

☞ 주사위 3이 나온 학생이(3장 뒤집어야 함) '낮은 도, 미, 솔' 이렇게 나올 경우 성공

07 누군가 카드를 가져가면 전에 모아둔 카드 더미에서 채운다.

08 카드를 뒤집을 때 성공한 학생은 추가로 더 뒤집을 수 있다. 하지만 한 번이라도 실패하면 원래 자리에 두어야 한다.

09 상대방이 실패하면 그것은 자신의 기회이기도 하다. 왜냐하면 상대방이 뒤집은 카드를 자신의 눈으로 봤기 때문이다.

☞ 이 놀이는 '운 + 메모리'라고 생각하면 된다.

10 카드가 없어질 때까지 한 후 가장 많은 카드를 가져간 학생이 승리한다.

주의사항

① 음계를 더 넓힐 수 있습니다. 낮은 솔에서 시작하여 높은 라까지 오선지에 그리면 16개의 카드가 나오며, 놀이판을 4 × 4, 5 × 5 등으로 늘릴 수도 있습니다.

② 놀이를 여러 번 하다 보면 오선지에 놓여 있는 위치만 보더라도 직관적으로 계이름을 읽을 수 있습니다.

③ 주사위를 굴린 후 뒤집었을 때 실패하는 지점에서 카드 뒤집기를 멈출 수 있습니다. 예를 들어 주사위 숫자가 4가 나오면 적어도 오름차순으로 계이름이 나올 때는 계속 뒤집어야 합니다. 처음부터 뒤집기를 포기할 수 없습니다.

☞ 다른 학생에게 힌트를 주고 싶지 않아 뒤집지 않는 경우가 있습니다.

실제 수업 꿀팁

한자의 활용

한글은 대부분 한자의 뜻으로 이루어져 있습니다. 음악 시간에 한자가 무슨 말이냐 하겠지만, 음악에는 생소한 단어가 꽤 많습니다. 선생님이 음악 용어를 쉽게 풀어서 설명하면 학생들에게 도움이 됩니다. 이 놀이에서 배우는 음계도 마찬가지입니다. 음의 계단이 있고 오르락내리락하는 모습을 학생들의 머리에 시각화시키는 것입니다.

오선지도 마찬가지입니다. 다섯 개의(오) 선(선)이 있는 종이(지)를 설명해줍니다. 그래서 음계 계단을 그릴 때 한 칸씩 올라가거나 내려오는 상상을 하며 계이름을 그리게 하면 훨씬 쉽게 느껴집니다.

난이도 조절을 위해

놀이의 난이도는 음계의 폭을 얼마나 그리느냐에 따라 바뀔 수 있습니다. 저학년의 경우에는 '도'부터 '높은 도'까지 1옥타브만 사용합니다. 고학년은 1옥타브를 더 사용할 수 있습니다('도에서 2옥타브 도'까지). 그래서 미리 악보에 계이름 그리는 방법을 설명해야 합니다. 이때 '도'와 '높은 도'를 구별해서 그리게 해야 합니다. 그래야 학생들이 놀이를 할 때 헷갈리지 않습니다.

음악 공책이 없다면?

음악 시간에 이론 공부를 위한 음악 공책 1권을 항상 가지고 다닐 수 있도록 합니다. 학교에서 배우는 초등 음악 이론은 생각보다 많지는 않습니다. 그래서 이론을 배울 때 음악 공책에 몇 번씩 적게 하면 의외로 쉽게 익힐 수 있습니다.

만약 음악 공책이 준비되지 않았다면 저의 블로그 '차차르트(blog.naver.com/fgfc12)'에서 첨부파일을 다운받으면 됩니다. 각 활동에 맞는 첨부파일이 있으니 다운받아서 사용하세요.

중임무황태

• 준비물 : **A4 용지** • 소요 시간 : **20분** • 대형 : **모둠별** • 활동 형태 : **모둠**

국악에도 놀이가 가능해?

서양 음악에 비해 국악 이론이 어렵게 느껴질 수 있습니다.

교과서에서 나오는 국악의 비중이 높기 때문에 국악 이론 역시 필수로 공부해야 하는 부분이 있습니다.

놀이와 함께라면 기본 이론도 쉽게 배울 수 있습니다.

준비

01 국악의 기본 음계를 알려준다.

■ 차차르트 블로그 blog.naver.com/fgfc12 참조

계 이름 :	솔	라	도	레	미
한자 이름 :	중	임	무	황	태
표 기 :	仲	林	無	黃	太

02 학생들에게 A4 용지를 1장씩 나눠 주고, 3번 접어 8칸을 만든다.

03 5칸에는 중, 임, 무, 황, 태를 한글과 한자로 적고, 나머지 3칸에는 자신이 원하는 음을 각자 적는다.

중 仲	임 林	무 無	황 黃
태 太	중 仲	임 林	무 無

<A4 용지를 8칸으로 나누어 율명 쓰기>

04 종이를 자르고 8장의 카드를 섞는다. 뒤집은 상태로 자신의 책상에 놓는다.

시작

01 한 학생씩 돌아가며 카드를 뒤집는다.

02 카드를 뒤집으며 한 음을 소리 낸다. 소리 내는 순서는 '임(솔) - 중(라) - 무(도) - 황(레) - 태(미)'이다. '임 중 무 황 태'를 계속 반복한다.

03 이때 자신의 소리와 카드의 음이 같으면 책상을 친다.

04 책상을 먼저 친 학생이 카드를 획득한다. 정해진 시간 내 카드를 많이 획득하는 학생이 승리한다.

주의사항

① 상대방이 볼 수 있는 쪽으로 카드를 뒤집도록 지도합니다.

② 책상을 동시에 쳤을 경우 가위바위보로 승부를 결정합니다.

실제 수업 꿀팁

음악 이론에도 순서가 있다?

이제까지 이론 놀이를 만들면서 나름의 체계를 생각해 보았습니다. 국어가 자음과 모음 공부부터 단어, 문장으로 이어지듯이 음악 이론도 가장 기본이 되는 것부터 배우면 좋습니다.
먼저 리듬에서 '음표 쉼표(이름) → 음의 길이 → 리듬꼴 만들기 → 음계 그리기(악보) → 계이름, 음이름 알기 → 화음 배우기'의 순서입니다. 박자치기 등은 꾸준하게 연습하는 것이 좋습니다.
이렇게 음악 개념을 연계해 익힌 후 가사 만들기, 노래 만들기 등의 창작 활동을 넘어가는 것이 가장 좋은 방법입니다.

국악 수업이 어려워요

어릴 때부터 제가 접한 음악은 대부분 서양 악기, 서양 음악이었습니다. 국악을 따로 배워본 적이 거의 없습니다. 초등학생 때에는 단소를 불어서 소리 내기가 쉽지 않았던 것으로 기억합니다. 지금은 많은 학교에서 소금으로 대체하기도 하고 많은 국악 프로그램이 있어 학생들이 국악을 접할 기회가 늘어났지만, 여전히 서양 음악에 비해 적은 것이 현실입니다.
하지만 음악 교과서에서 국악의 비중은 상당히 높습니다. 음악 전공과 상관없이 국악을 가르쳐야 하는 것이 선생님의 역할이기 때문에 국악의 기본 개념을 알려주는 것이 중요합니다.
음악 개념 요소표에 나와 있는 국악 요소에는 '장단, 장단꼴, 시김새, 율명, 토리, 형식(메기고 받는, 긴자진, 시조 등)'이 있습니다. 이 개념 요소만큼은 학생들에게 알려줄 필요가 있습니다.

계이름 정상회담

• 준비물 : A4 용지 • 소요 시간 : 20분 • 대형 : 자유 • 활동 형태 : 전체

계이름과 음이름, 거기다 영어 이름까지?

음을 부르는 방법에는 3가지가 있습니다.

이탈리아어(도, 레, 미, …), 한국어(다, 라, 마, …), 영어(C, D, E, …)입니다.

헷갈릴 수 있지만 한번 익히면 오래 기억할 수 있는 놀이입니다.

준비

01 계이름, 한글 음이름, 영어 음이름을 먼저 알려준다.

■ 차차르트 블로그 blog.naver.com/fgfc12 참조

계이름 :	도	레	미	파	솔	라	시
한글 음이름 :	다	라	마	바	사	가	나
영어 음이름 :	C	D	E	F	G	A	B

02 모둠별로 A4 용지를 3장씩 나눠 주고, 3번 접어 8칸을 만든다.

03 학생이 한 종이씩 맡아 8칸에 각각 계이름, 한글 음이름, 영어 음이름을 적는다.

도 다 *C*	레 라 *D*	미 마 *E*	파 바 *F*
솔 사 *G*	라 가 *A*	시 나 *B*	

04 종이를 자르고 이름이 적힌 카드를 모두 섞어 선생님 앞 바구니에 넣는다.

시작

01 바구니에서 카드 5장씩 학생들에게 나눠 준다.

02 선생님의 신호 소리와 함께 학생들은 자신의 짝을 찾는다. 짝은 3명이 되어야 하고 계이름, 한글 음이름, 영어 음이름 각각 1명씩이다.

☞ 예를 들어 계이름 도, 한글 음이름 다, 영어 음이름 C가 모이면 짝 찾기 성공

03 짝을 찾으면 선생님에게 나와서 확인을 하고 바구니에 카드를 버린다.

04 자신의 카드를 모두 버리면 "성공!"이라고 외치고 미리 준비한 자리에 앉는다.

☞ 교실 앞 의자 5개 설치

05 5명이 찾을 때까지 놀이를 계속한다.

주의사항

① 한 번에 여러 장의 카드를 버릴 수는 없습니다. 짝을 찾고 종이를 버렸으면 새로운 짝을 찾아야 합니다.

② 짝을 빨리 찾은 학생에게 선생님 역할을 시킬 수 있습니다. 의자에 앉아 있는 학생에게도 검사를 받을 수 있다는 것을 미리 알려줍니다.

실제 수업 꿀팁

왜 가장조에서 시작하지 않고 다장조에서 시작했을까?

처음 음계를 만들 때 기준 음이 계이름 '라'였다고 합니다. '라' 음(진동수 440hz)를 기준으로 음을 쌓아올린 것입니다. 이 음은 한글로 '가', 영어로 'A'입니다.

음을 쌓아올리는 이론은 상당히 복잡합니다. 피타고라스의 평균율부터 공부를 해야 하는데, 내용이 어렵기 때문에 학생들에게는 굳이 설명을 안 해도 됩니다. 선생님의 입장에서 더 알기를 원한다면 피타고라스의 순정율과 바흐의 평균율을 검색해서 공부하면 됩니다. 지금의 피아노와 같은 악기 음계는 바흐의 평균율을 사용하고 있습니다.

음계에 대한 다양한 상상

음계를 보면 일단 음이 순차적으로 오르락내리락 배열되어 있어서 사다리가 떠오릅니다.

순차적인 진행은 다른 과목 놀이에도 연계시킬 수 있습니다. 수학 시간에도 활용할 수 있고 과학 시간, 사회 시간에도 활용할 수 있습니다. 수학에서는 10의 자리 수, 100의 자리 수 등에 사용 가능하며, 사회에서도 시간대별 역사 수업에 사용 가능합니다.

순차적인 진행을 요하는 놀이를 할 때에는 다른 교과의 적용을 함께 생각하면 좋습니다.

그리고 적용해 보세요. 무궁무진한 놀이 방법과 활용이 나옵니다.

화음 TOP 10

• 준비물 : **A4 용지, 핸드벨** • 소요 시간 : **20분** • 대형 : **일제식** • 활동 형태 : **전체**

주요 3화음을 소리를 들어가며 익혀보자

'도미솔', '파라도', '솔시레' 이 3가지 화음 많이 들어보셨죠? 주요 3화음이라 부르는데, 초등학교에서는 이 3가지 화음이 필수 개념입니다.

은근히 헷갈리는 주요 3화음이지만 스피디한 놀이 방식으로 몰입감과 화음 감각이 쑥쑥 길러지는 놀이입니다.

준비

01 A4 용지를 세 번 접고 계이름 '도에서 높은 도'까지 8음을 적는다.

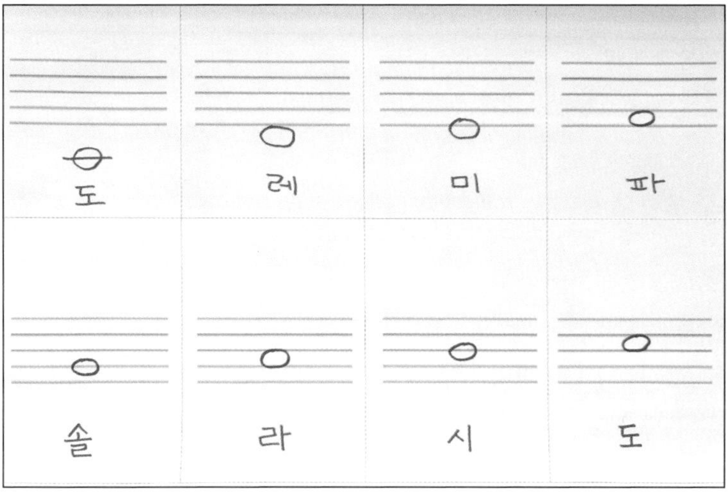

<음계 계단 그리기>

02 가위로 오려서 8장의 카드를 만들어 모둠끼리 잘 섞는다.

03 학생당 무작위로 5장씩 뽑고 나머지는 선생님께 가져간다.

04 선생님은 교실 앞에 1음계가 있는 핸드벨을 책상에 올려놓고 앉아 있는다.

시작

01 '시작' 소리와 함께 학생들은 교실을 돌아다니며 3명끼리 뭉친다.

02 3명이 모였을 때 주요 3화음(도 미 솔, 파 라 도, 솔 시 레)을 만들면 선생님께 가져간다.

03 선생님 앞에 있는 핸드벨을 연주한다. 화음을 잘 느낄 수 있게 반드시 핸드벨을 3명이 동시에 연주해야 한다. 성공하면 그 종이를 선생님께 낸다.

04 먼저 5장을 모두 성공하면 1등이 되고, 10명까지 뽑아 탑텐(TOP 10)을 만든다.

주의사항

① 화음 완성이 잘 되지 않는 경우 선생님 앞 카드로 대체할 수 있습니다.

② 1등이 나오면 선생님 자리에 대신 앉게 해도 좋습니다. 여유가 된다면 핸드벨을 3~4세트 더 준비해서 교실 4면에 미리 설치하는 것도 좋은 방법입니다.

실제 수업 꿀팁

핸드벨을 사용해 보셨나요?

핸드벨은 작은 종 모양의 리듬 악기로 학생들이 손에 들고 연주할 수 있습니다. 핸드벨 한 개에 하나의 음 소리가 나기 때문에 학생들이 한 개씩 들고 멜로디를 연주하는 경우가 많습니다. 또한 화음에서 핸드벨을 사용하면 교육 효과가 큽니다. 왜냐하면 동시에 연주해야 화음이 아름답게 들리기 때문입니다. 그만큼 학생들이 연주할 때 집중하게 되므로 화음을 공부할 때 효과적인 악기입니다.

이보다 더 좋은 악기는 '차임'입니다. 핸드벨과 비슷하지만 울림이 훨씬 멀리 퍼지고 음색이 깨끗하며 아름답습니다. 단점은 비싸다는 것인데, 학교에 예산이 있다면 한 세트 정도 구비해 놓으면 좋습니다.

종이로 짝 찾기 활동

학생들이 짝을 만들 때 자신의 친한 친구에게 집착하는 경향이 있습니다. 소풍을 가거나 현장학습처럼 자리 배치하는 경우도 많이 신경 쓰일 때가 있지요. 그래서 이 놀이를 할 때에는 몇 가지 규칙이 필요합니다. 먼저 한 번 짝을 한 학생과 연속으로 짝을 할 수 없게 합니다. 그렇게 되면 새로운 짝을 찾아야 해서 저절로 다양한 친구를 만날 수 있습니다.

그리고 이 놀이는 개인전으로 해야 합니다. 자신의 종이를 먼저 없애는 학생부터 순위를 매긴다면(순위를 매기는 놀이는 거의 없지만 이 놀이만큼은 개인전이기 때문에) 특정 친구를 생각할 겨를이 없습니다.

화음 할리갈리

• 준비물 : **A4 용지** • 소요 시간 : **20분** • 대형 : **모둠별** • 활동 형태 : **모둠**

이것도 할리갈리? 할 수 있네!

할리갈리 놀이로 기본 3화음을 찾아볼까요?

재미와 교육을 동시에 잡을 수 있는 음악 놀이입니다.

준비

01 A4 용지를 나눠 주고 오선지에 음표를 그리도록 한다. (8개씩 2장)

■ 차차르트 블로그 blog.naver.com/fgfc12 참조

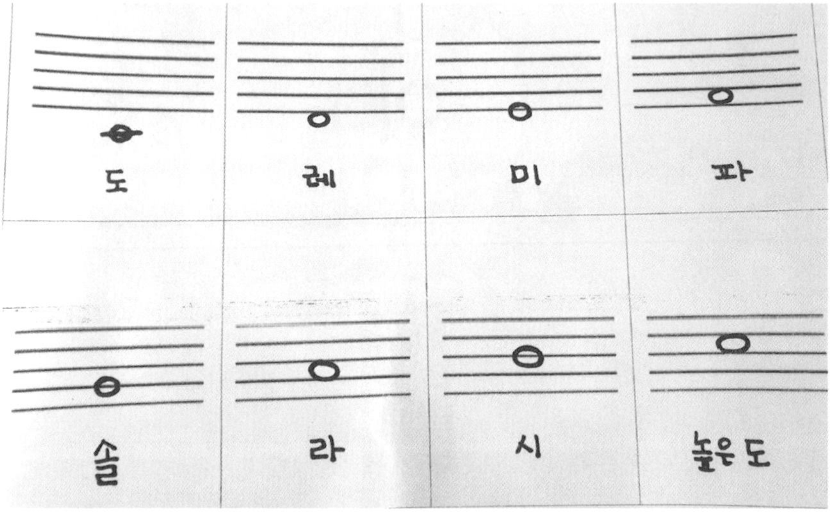

<계이름 오선지에 그리기>

02 잘 섞은 후 모둠원끼리 합치고 똑같이 나눈다.

시작

01 할리갈리의 방식과 똑같이 카드를 뒤집어 놓은 상태로 한 명씩 차례대로 뒤집는다.

02 뒤집힌 카드가 '도미솔(1도화음)', '파라도(4도화음)', '솔시레(5도화음)'가 나오면 종을 친다.

03 종을 친 사람은 화음의 이름을 말해야 한다. 성공했을 경우 카드를 가져간다.

04 종을 실수로 잘못 친 경우 자신의 카드 1장을 종 밑에 깔아둔다.

주의사항

① 할리갈리 종이 없을 경우 책상을 먼저 친 사람이 가져가도록 합니다.

☞ 동시에 쳤을 경우 가위바위보

② 다양한 화음이 있습니다. 하지만 이 놀이에서는 주요 3화음을 다룹니다. 초등에서는 3화음이 주요 개념 요소이기 때문입니다. 고학년이거나 중학생 이상이면 몇 가지 화음(세븐화음이나 마이너화음)을 추가해 활동해도 좋습니다.

실제 수업 꿀팁

장화음과 단화음

초등 수준에서 화음은 장화음 정도를 배우지만 선생님은 단화음 역시 알고 있으면 좋습니다. 우선 장화음에는 장조의 기본 3화음(으뜸화음, 버금딸림화음, 딸림화음)이 있는데 단화음 역시 마찬가지입니다.

단화음에도 3화음이 있고 3도씩 쌓아올리면 됩니다. 다만, 단음계에서 7음에 '#'을 붙이는 경우가 많으므로(화성단음계) 딸림화음의 3음에 '#'을 붙여야 합니다.

- 라단조 - 으뜸화음(라도미), 버금딸림화음(레파라), 딸림화음(미솔#시)

또한 단음계에는 자연단음계, 화성단음계, 가락단음계가 있습니다.

- 자연단음계 : 2~3음 반음, 5~6음 반음
- 화성단음계 : 2~3음 반음, 7~8음 반음
- 가락단음계 : 2~3음 반음, 7~8음 반음, 내려갈 때는 자연단음계 사용

자리바꿈화음

자리바꿈화음이란 화음의 가장 밑의 음(근음)이 바뀌는 것입니다.

예를 들어 '도미솔'을 연주하면 가장 밑의 음(근음)이 도가 됩니다. 만약 근음이 미가 되는 경우 '미솔도', 솔이 되는 경우 '솔도미' 이런 식으로도 연주가 가능합니다. 이를 자리바꿈화음이라고 말합니다.

화음은 어떤 음을 눌러도 서로 잘 어울리기 때문에 자리를 바꿔도 화음을 이루는 데는 상관없습니다.

너영나영

• 준비물 : A4 용지 • 소요 시간 : 20분 • 대형 : 짝 • 활동 형태 : 짝, 모둠, 전체

너영나영은 '너랑나랑'의 제주도 사투리

너 한 번, 나 한 번 사이좋게 한 번씩 말해볼까요? 짝끼리 음악을 공부하면 서로 자극을 받아 공부가 더 잘 됩니다. 단순하지만 약간의 경쟁 요소로 즐겁게 할 수 있는 놀이입니다.

준비

01 선생님은 샵과 플랫 붙는 순서를 칠판에 크게 판서한다.

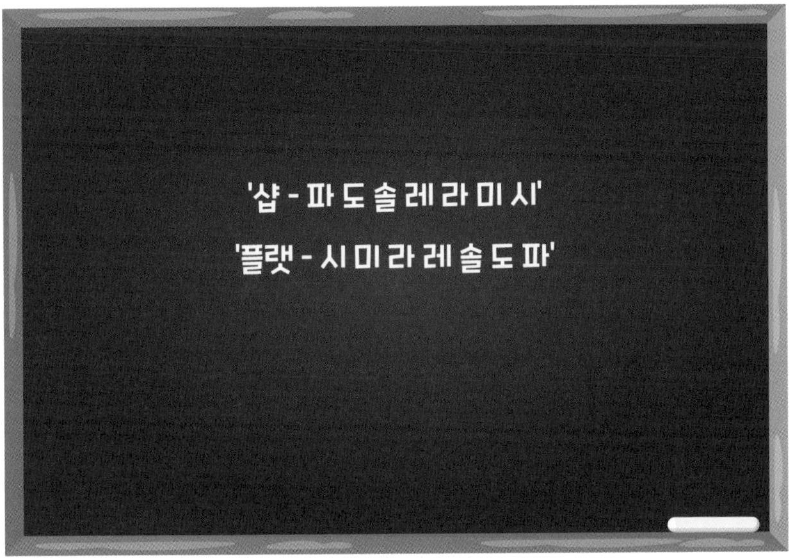

<샵과 플랫 붙는 순서 칠판에 판서>

02 선생님은 학생들과 글자가 입에 붙을 때까지 여러 번 반복해서 말한다.

03 선생님과 학생이 번갈아 가며 한 글자씩 말한다.

☞ 선생님이 '파'를 말하면 학생이 '도', 다시 선생님이 '솔'

시작

01 짝과 함께 '너영나영' 대결을 시작한다.

02 선생님과 학생이 주고받은 것처럼 학생 둘이서 '파~도~솔~레~라~미~시'를 반복한다.

03 글자를 틀리게 말하면 지게 되며, 이긴 학생은 1승이 된다.

04 한 번 놀이를 한 학생은 돌아다니며 자신의 짝을 찾는다.

05 1승한 학생들은 손가락으로 1을 표시하여 자신과 승이 비슷한 학생을 찾아 대결을 한다. 놀이에 진 학생은 승을 1개 잃는다.

☞ '0'승에서는 더 이상 내려가지 않는다.

06 정해진 시간 동안 승수를 많이 쌓은 학생이 승리한다.

07 샵(#) 대결이 끝나면 플랫(b) 대결을 한다.

주의사항

① 샵과 플랫이 붙는 순서를 먼저 배운 다음 조성을 배우는 것이 좋습니다. 이번 활동은 붙는 순서를 계속 반복해서 외우게 하는 것이 목표입니다. 이 활동 다음 차시로 조성을 배우는 활동으로 연결합니다.

② 샵과 플랫은 붙는 순서가 반대입니다. 순서를 설명하면서 짚어줍니다. 그리고 아무것도 붙지 않았을 때 '다장조'라는 것도 알려줍니다.

실제 수업 꿀팁

5도권이라는 말을 들어보셨나요?

샵과 플랫이 하나씩 늘어날 때 법칙이 있습니다. 바로 5도권이라는 이론입니다. 샵의 경우 도 음에서 5도씩 위로 올라가면 으뜸음이 나옵니다. '도 - 솔((#) - 레(#2개) - 라(#3개) - 미(#4개) - 시(#5개) - 파(#6개)' 이렇게 됩니다.

솔을 으뜸음으로 했을 경우 음계가 다장조의 음계 구조처럼 바뀝니다. 다장조는 3~4음, 7~8음이 반음이기 때문에 솔을 으뜸으로 했을 때 3~4음은 시와 도가 되고, 7~8음은 파와 솔이 됩니다. 그런데 파와 솔은 반음이 아니므로 파#을 붙여 음계 구조를 맞추게 되었고, 그러다 보니 악보 맨 앞에 '파#'을 붙이게 된 것입니다. 반대로 플랫의 경우는 5도씩 내려오면 됩니다. '도 - 파 - 시 - 미 - 라 - 레 - 솔'의 순서가 됩니다.

청킹의 힘

청킹(chunking)이란 '기억 대상이 되는 자극이나 정보를 서로 의미 있게 연결시키거나 묶는 인지 과정'을 말합니다. 쉽게 설명하자면 개념을 외울 때 앞 글자를 따서 외우거나 자신의 경험과 연계시켜 외우는 방법을 말합니다. 청킹은 음악뿐만 아니라 학생들이 공부를 할 때 효과적으로 사용할 수 있는 방법입니다.

화성에서도 플랫이나 샵이 붙는 순서를 청킹으로 외우면 오래 기억할 수 있습니다. 여기에 청킹을 놀이로 묶어서 학습하게 되면 재미와 학습을 동시에 가져갈 수 있기 때문에 다른 교과에서도 활용이 가능합니다. 과학의 '산과 염기', 사회에서 '삼국, 고려, 조선시대', 국어의 '토론순서', 수학의 '도형' 단원 등 다양하게 활용할 수 있습니다.

CHAPTER 02

모두가 즐겁게 노래할 수 있는 놀이 (가창 & 기악)

단체 히든 싱어

• 준비물 : 없음 • 소요 시간 : 20분 • 대형 : 원 • 활동 형태 : 모둠

노래를 열심히 부르게 만드는 비법

원 대형에서 누군가가 노래를 부르지 않고 립싱크를 하고 있습니다. 탐정들은 노래가 끝나기 전에 누가 노래를 부르지 않는지 알아내야 합니다. 집중해서 사방을 관찰하면서 감상하지 않으면 시간 내에 범인을 찾기가 힘듭니다.

준비

01 원 대형을 만든다.

02 팀정은 반 인원수에 따라 20명 이상이면 3명, 10~19명이면 2명, 그 이하는 1명을 정한다.

03 탐정들이 잠시 교실 밖으로 나가면 뽑기 프로그램으로 범인을 선정한다. 범인 역시 반 인원수에 따라 정한다.

시작

01 탐정은 원 대형 가운데 서 있는다. 움직이면 안 되며 가운데서 사방을 관찰해야 한다.

02 선생님이 반주를 틀면 앉아 있는 학생들은 모두 노래를 부른다. 이때 범인들은 립싱크만 한다.

03 탐정들은 노래가 끝날 때까지 누가 범인인지를 추리한다.

04 노래가 끝나면 탐정들은 범인을 지목한다.

05 범인을 모두 지목한 탐정들을 칭찬한다.

주의사항

① 노래를 부를 때 책으로 입을 가리거나 고개를 숙이면 반칙입니다.

② 탐정들은 가운데 서서 움직일 수 없습니다.

실제 수업 꿀팁

단체 숨은 연주가

노래를 부르는 대신 악기 연주로 바꿔서 할 수 있습니다.

라인 노래방

• 준비물 : **없음** • 소요 시간 : **20분** • 대형 : **모둠별** • 활동 형태 : **모둠**

쟁반 노래방처럼

예전에 TV 프로그램에서 유행했던 쟁반 노래방! 교실에서도 어떻게든 학생들과 한 번쯤은 해보았을 것입니다. 하지만 TV 프로그램과 같은 재미를 구현하기는 쉽지 않습니다. 쟁반으로 진짜 머리를 맞힐 수도 없는 노릇이니까요. 쟁반 노래방을 다양하게 변형시켜 해본 것 중 가장 원활하게 진행되며 학생들이 즐거워하는 방식을 소개합니다.

준비

01 노래를 한 곡 정한다. (아직 안 배운 노래 선곡)

02 모둠 대형을 만든다.

시작

01 노래를 한 번 들려준다. 이때 학생들은 메모할 수 없으며 오직 귀로만 감상해야 한다.

02 한 번 노래를 들은 뒤 회의 시간을 갖는다. 회의는 노래의 음과 가사를 함께 연습해보는 시간이다.

03 한 번 더 노래를 들려준다.

04 두 번 노래를 들은 뒤 끝까지 부를 수 있는 모둠은 선생님 앞으로 나온다.

05 이때 다 같이 노래를 부르는 것이 아니라 노래를 4등분 또는 8등분해서 한 소절씩 돌아가며 부르며 노래를 완성해야 한다.

06 조금이라도 가사가 틀리거나 머뭇거리면 실패이다.

07 더 이상 도전하는 모둠이 없으면 한 번 더 노래를 들려준다.

08 두 모둠까지 성공하면 활동을 끝낸다.

주의사항

① 선생님에게 가까운 위치의 모둠이 유리하기 때문에 중간중간 위치를 바꿔줍니다.

② 단호하게 1초 만에 땡을 외치고, 약간의 머뭇거림도 허용하지 않는 것이 더 긴장감 있고 스릴 있는 분위기를 조성할 수 있습니다.

실제 수업 꿀팁

비난금지법

모둠원 각자가 한 소절씩 노래를 부르기 때문에 특정 학생이 실패했을 때 비난을 하는 상황이 발생할 수 있습니다. 놀이 전에 조금이라도 비난의 기미가 보이는 모둠은 감점을 주거나 단호하게 놀이에서 제외시킨다고 공지를 합니다.

그리고 약간의 비난이라도 엄격하게 경고를 주세요. 놀이의 생명은 규칙입니다.

릴레이 노래 찾기

• 준비물 : **A4 용지** • 소요 시간 : **10~20분** • 대형 : **모둠별** • 활동 형태 : **모둠**

신나게 노래도 부르고 웃고

'릴레이 노래 찾기' 놀이를 진행하면 학생들이 모둠 내에서 왁자지껄 신나게 웃는 모습을 볼 수 있습니다. 짝을 찾는 과정에서 이상하게 조합된 가사를 보면 그저 웃음이 나오기 때문이죠. 그리고 생각보다 짝을 찾기가 쉽지 않습니다.

하지만 어렵게 짝을 찾았을 때 진심이 담긴 기쁜 마음으로 노래를 신나게 부르게 되는 마성의 매력을 가진 놀이입니다.

준비

01 모둠별로 교과서의 노래를 한 곡 정한다.

02 선정한 노래의 가사를 아래와 같이 나눠 적는다

산 위에서 부는 바람	서늘한 바람	그 바람은 좋은 바람	고마운 바람
여름에 나무꾼이	나무를 할 때	이마에 흐른 땀을	씻어 준데요.

<1모둠에서 만든 가사 쪽지>

맑게 개인 공원에서	턱수염 난 화가 아저씨	나비가 훨훨 날아가고	꽃들이 웃고 있는 모습을
랄랄랄라 랄라	콧노래를 불러가며	아주 예쁘게 그리고 있었어요.	맑고 푸른 동심을

<2모둠에서 만든 가사 쪽지>

03 만든 문제지를 모두 선대로 잘라 두 번 접어 바구니에 넣는다.

04 교실 가운데에 바구니를 놓는다.

05 모둠 대형을 만들고 모둠 내에서 '1, 2, 3, 4'번 순서를 정한다.

시작

01 활동의 목적은 가사가 이어지는 4장의 쪽지를 모으는 것이다.

02 시작하면 각 모둠의 1번 학생이 바구니에서 쪽지를 뽑아 모둠으로 와서 펼친다.

03 다음 2번 학생이 바구니에서 쪽지를 뽑아 모둠으로 돌아와 펼친다.
그다음은 3번 학생. 그다음은 4번 학생이 역시 바구니에서 쪽지를 뽑아 모둠으로 돌아와 펼친다.

04 다시 1번 학생은 4장의 쪽지 중 가장 필요 없는 한 장을 바구니에 반납하고 새로 한 장을 뽑는다.

산 위에서 부는 바람	서늘한 바람	그 바람은 좋은 바람	나비가 훨훨 날아가고

<위와 같이 4장이 모였다면 '나비가 훨훨 날아가고'를 반납하고 다른 쪽지를 뽑아 옴>

05 차례대로 위의 과정을 반복하다 1쌍의 가사를 모두 모으면 모둠 전체가 손 머리를 하고 선생님을 기다린다.

06 선생님이 오면 모둠 전체가 그 부분의 노래를 부른다.

<1쌍의 가사를 모아 선생님 앞에서 노래 부르는 장면>

09 선생님이 합격을 주면 칠판의 자신의 모둠에 동그라미를 한 개 그린다. (1점)

10 모았던 쪽지는 모두 반납하고 다시 처음부터 1장씩 가져와 시작한다.

11 정해진 시간 내에 모둠 점수가 많은 순으로 순위를 정한다.

주의사항

① 마음이 급해 바구니에 가까이 앉은 사람만 계속 쪽지를 뽑아 오는 모둠이 있습니다. 모두가 돌아가며 쪽지를 뽑아야 한다고 놀이 전에 강조합니다.

② 노래가 아래와 같이 끝부분과 시작 부분이 이어져도 인정합니다.

고마운 바람	여름에 나무꾼이	나무를 할 때	이마에 흐른 땀을

실제 수업 꿀팁

놀이의 기술

만약 4장이 한 쌍일 경우, 각 모둠은 쪽지를 4장까지만 가질 수 있습니다.

하지만 이해를 하지 못한 모둠은 5장, 6장 등 계속 쪽지를 가져옵니다. 규칙을 설명한 뒤 다시 되묻는 기술을 'Call Back'이라고 합니다. "항상 책상 위에는 몇 장의 쪽지만 있어야 하죠?" 처럼 규칙을 되물으며 한 번 더 인지시켜 줍니다.

또한 한 모둠을 대상으로 시범을 보이는 '리허설'도 원활한 진행을 위해 꼭 잊지 말아야 할 방법입니다.

짝짝짝 노래 부르기

• 준비물 : A4 용지 • 소요 시간 : 10~20분 • 대형 : **전체** • 활동 형태 : **전체**

음악도 단원 정리를!

일반적으로 국어, 수학, 사회, 과학 등 주지 교과는 한 단원이 끝나면 학습지나 골든 벨 등의 형식으로 단원 정리를 하기 마련입니다. 마찬가지로 음악도 단원이 끝나면 배웠던 노래들을 즐거운 활동으로 정리할 수 있습니다.

음악도 단원 정리를 한다니 신선하죠? 지금부터 그 비법을 소개합니다.

준비

01 각자 A4 용지를 한 장 받는다.

02 A4 용지를 가로로 반, 세로로 반을 접어 펼친다.

<가로로 반, 세로로 반 접은 모습>

03 선생님이 정해준 단원에서 원하는 노래를 한 곡 정한다.

04 선정한 노래 중 마음에 드는 가사를 아래와 같이 적는다.

사랑해요 이 한 마디	참 좋은 말
우리 식구 자고 나면	주고받는 말

<마음에 드는 가사를 적은 쪽지>

05 선을 따라서 잘라 한 번 접어 바구니에 넣는다.

시작

01 각자 4장씩 바구니에서 종이를 뽑는다.

02 놀이가 시작되면 다른 학생을 만나 서로 가진 쪽지를 확인한다.

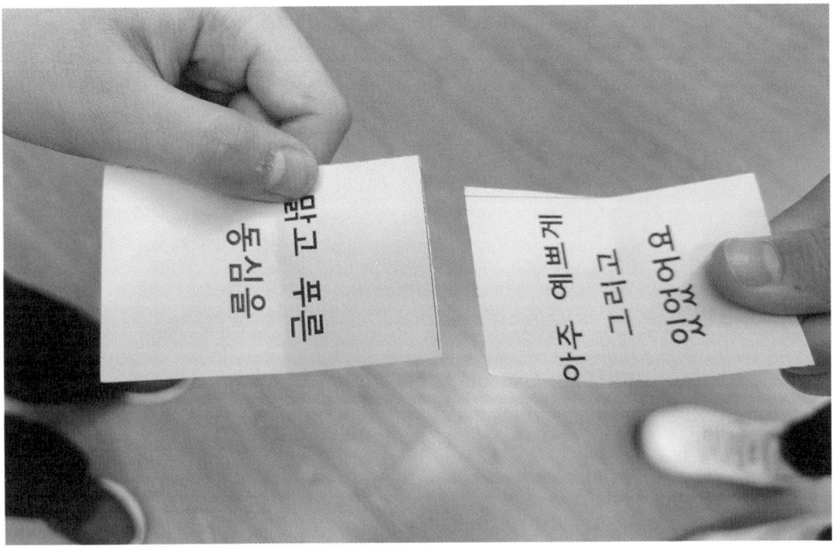

<서로 가진 쪽지를 확인하는 모습>

03 이어지는 가사를 가진 친구를 만나면 선생님께 가서 그 부분의 노래를 부른다.

04 선생님께 검사를 맡으면 바구니에 해당 쪽지를 접어서 넣고 나머지 쪽지들의 짝을 찾으러 돌아다닌다.

05 '02~04'의 과정을 반복하며 자신의 쪽지를 모두 바구니에 넣은 친구는 "다했어요!"라고 선생님께 말하고, 선생님은 등수를 알려준다.

06 10등까지 등수가 정해지면 놀이를 끝내고 나머지 쪽지들은 다시 바구니에 넣는다.

07 1~10등까지 호명하며 칭찬 시간을 갖는다.

08 1등한 학생이 다음 판에서 선생님 역할을 하며 다시 활동을 시작한다.

주의사항

① 곡은 2~3개 정도를 정하며, 모둠별로 범위를 지정하여 가사가 골고루 나올 수 있도록 합니다.

② 두 쌍의 쪽지를 찾아도 한 번에 한 쌍의 쪽지만 낼 수 있습니다. 따라서 한 쌍의 쪽지만 제출하고 다시 뒤로 가서 줄을 섭니다.

③ 한 명이 한 쌍의 쪽지를 갖고 있는 경우에는 다른 친구와 쪽지를 교환한 후 둘이 함께 검사를 받습니다. 한 명이 혼자 검사받을 수 없습니다.

실제 수업 꿀팁

급해도 음정과 박자는 정확하게

선생님께 검사를 맡을 때 마음이 급하여 음정과 박자를 엉망으로 하는 학생들이 있습니다. 처음에는 경고를 주고 두 번 세 번도 똑같을 경우 맨 뒤로 가서 줄을 다시 서게 하면 음정과 박자도 신경 써서 노래를 합니다.

초성 노래방

• 준비물 : **없음** • 소요 시간 : **20분** • 대형 : **모둠별** • 활동 형태 : **모둠별 상의 후 전체**

세상의 모든 노래를 찾아라!

초성 놀이는 항상 학생들에게 반응이 좋기 때문에 선생님들도 수업 시간에 많이 활용하는 방식입니다. 이를 음악 시간에도 활용할 수 있습니다.

그리고 실컷 학생들이 노래를 생각하고 부르게 할 수도 있습니다.

준비

01 모둠 대형을 만들고, 모두 음악 교과서를 꺼낸다.

시작

01 선생님은 칠판에 초성 한 개를 적는다. (예 : 'ㄷ')

02 모둠원끼리 회의를 하며 'ㄷ'으로 시작하는 제목의 노래를 생각한다.

03 이때 교과서를 찾아봐도 무방하며, 교과서에 없는 노래도 가능하다.

04 노래를 찾으면 모둠원 모두 선생님 앞으로 나와 노래를 부른다.

05 적당히 노래를 부르면 선생님은 "통과!"를 외친다.

06 나머지 모둠도 앞의 모둠이 하지 않은 다른 노래를 찾으면 선생님 앞으로 나온다.

07 한 번 통과한 모둠도 또 도전할 수 있다.

08 정해진 시간 내에 성공한 횟수만큼 점수를 준다.

주의사항

① 모둠원 중 한 명이라도 노래를 부르지 않으면 탈락이라고 미리 알려줍니다.

② 살짝 가사가 틀린 정도는 괜찮으나 노래를 너무 짧게 부르면 안 된다고 지도합니다.

실제 수업 꿀팁

박자와 음정, 가사가 틀려도

이번 활동의 목적은 학생들이 실컷 자신감을 가지고 노래를 부르게 하는 데 그 의의가 있습니다. 따라서 박자나 음정, 가사가 정확하지 않더라도 이해하고 넘어가는 것이 좋습니다. 너무 세세한 부분을 지적하면 학생들이 자신감을 잃어 선생님께 나오지 못하기 때문입니다.

한 글자 노래 부르기

• 준비물 : 음악 교과서, 악보 • 소요 시간 : 20분 • 대형 : 모둠별 • 활동 형태 : 모둠

한 글자만 말해도 놀이가 가능?

어릴 때로 잠깐 돌아가 봅시다. 혹시 동요 가사를 바꿔 부르거나 노래 여러 개를 혼합하는 등 재미있게 부르기 위해 노력해 본 적 있나요?

세월이 흘러도 학생들은 변화의 재미를 느낍니다. 노래 부를 때 꼭 가사를 생략해서 부르는 학생이 있지 않나요? 이제 놀이로 실컷 즐기도록 해 봅시다.

준비

01 교과서에 나온 제재곡을 배운다.

02 가사를 처음부터 끝까지 읽는다.

03 처음 글자에 동그라미를 그린다.

시작

01 한 사람씩 돌아가며 노래를 부른다.

02 노래는 마디 첫 글자에 강세를 줘서 부른다. 다른 가사는 웅얼거리듯 얼버무린다.

03 다른 학생들은 어떤 노래인지 맞힌다.

04 맞힌 학생이 다음 문제를 낸다.

주의사항

① 만약 첫 글자로 부족하다고 느끼면 두 글자씩 부르게 하거나 처음 단어를 알려주는 등 힌트를 더 주는 방법으로 문제를 맞히게 합니다.

② 교과서에 있는 곡 위주로 문제를 내게 하고., 범위를 미리 설정해야 합니다. 이제까지 배운 교과서 곡이나 알기 쉬운 동요, 가요 등으로 범위를 정한 후 놀이를 합니다.

실제 수업 꿀팁

학생들은 왜 노래를 개사하거나 생략해서 부를까요?

노래 부르기 할 때 학생들이 가장 많이 하는 행동은 가사를 바꾸거나 생략, 그리고 강세를 줘서 부르는 것입니다. 그 이유는 학생들이 변화를 좋아하기 때문입니다. 고정되어 있는 가사들을 보면 뭔가 변화를 주고 싶고 나름의 재미를 느낍니다.

개사(가사 바꾸기)도 얼마나 창의적인지 모릅니다. 저는 이것을 긍정적인 요소로 봅니다. 강세를 가르치거나 가사를 외울 때 효과적인 방법이기도 합니다. 첫 음절에 강세 주기, 끝 음절에 강세 주기, 가사를 지우면서 노래 부르기 등의 방법을 활용하면 가사에 더 집중할 수 있습니다.

진지함과 유쾌함의 경계

선생님은 학생들이 수업에 재미있게 참여하기를 기대합니다. 반면에 재미만 있는 수업에 대해 부담감을 느끼기도 합니다. 학부모의 마음처럼 학생들이 하나라도 더 배워야 한다는 심정으로 많은 이야기를 쏟아내는데, 학생들은 그것을 잔소리로 들을 때도 있습니다.

'유쾌하지만 가볍지는 않은 수업'이 대부분 선생님이 원하는 수업일 것입니다. 제가 생각하는 좋은 수업은 선생님이 힘을 뺀 수업입니다. 저의 경우 수업 준비를 열심히 하다 보면 학생들이 내 말에 꼭 따랐으면 하는 욕심이 생기고, 만약 못하는 학생이 생기면 닦달하는 상황이 생겼습니다. 물론 저로서는 최선이었다고 생각했지만 돌이켜보면 조금 더 여유를 갖고 학생들을 지켜봤으면 어땠을까 생각이 듭니다.

선생님이 모든 것을 통제하기보다 학생들이 주도적으로 활동에 참여하고 새로운 아이디어를 제안하는 것이야말로 이상적인 수업이라고 생각합니다. 시끄러운 교실, 하지만 모두가 참여하는 교실을 만들면 좋겠습니다.

OX 연주

• 준비물 : **리듬 악기** • 소요 시간 : **30분** • 대형 : **모둠별** • 활동 형태 : **전체**

쉽지만 난이도에 따라 남녀노소 즐기는 놀이

악보가 꼭 어려울 필요는 없습니다. 지금까지 이런 악보는 없었습니다. ○× 악보를 통해 자연스럽게 악기를 연주하며 리듬감을 키우는 놀이입니다.

준비

01 선생님은 칠판에 칸을 나눈다.

☞ 예를 들어 4/4박자의 경우 1칸에 1마디이고 4번 그리게 함

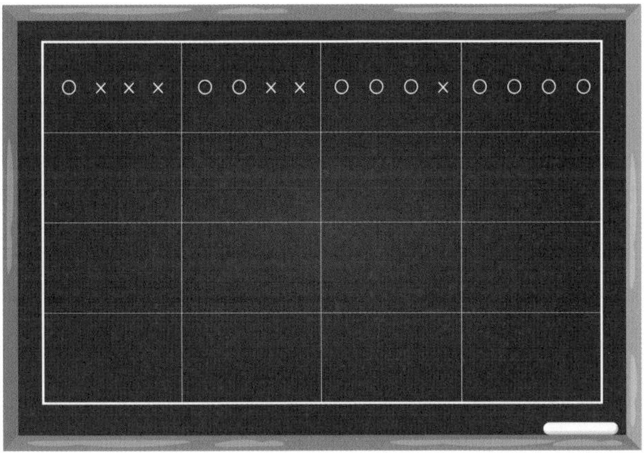

<칸 나누고 4마디 그린 모습>

02 1칸에 1마디임을 설명하고 함께 박수로 연주해 본다.

03 ○는 박수를 연주하고, ×는 책상을 친다고 설명한다.

시작

01 선생님이 "하나, 둘, 시작!"을 외치면 칠판에 그려져 있는 대로 연주한다.

02 연주가 잘 될 때까지 연습한다.

03 연주가 어느 정도 잘 되면 2번째 줄을 채운다. (총 8마디)

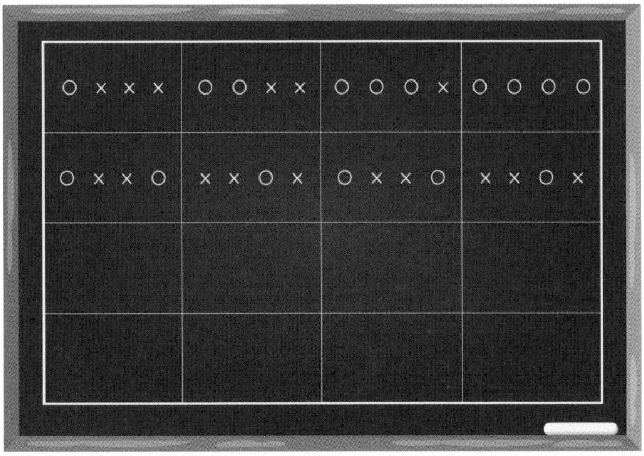

<8마디를 채운 모습>

04 연습을 계속해서 16마디를 채운다.

05 전체적으로 숙달이 되었다면 리듬 악기를 가지고 'ㅇ'와 'X'로 두 그룹을 나누어서 연주한다.

06 속도를 다르게 해서 연주하는 것도 가능하다.

☞ 느리게 → 보통 → 빠르게 → 아주 빠르게

주의사항

① 처음에는 속도를 빠르지 않게 하는 것이 좋습니다. 합주는 모두가 함께하기 때문에 틀리지 않게 연주하는 것이 중요하다는 것을 강조합니다. 물론 숙달이 잘 되어 속도를 올려서 연주하면 학생들이 매우 좋아합니다.

② 중간에 선생님이 마디를 채울 때 학생들이 직접 그리게 하거나 내용을 수정하게 할 수도 있습니다. 직접 악보 그리는 것에 참여하게 되면 적극적으로 수업에 임할 것입니다.

③ 마무리 단계에서는 노래에 맞춰 연주하게 해도 좋습니다. 보통 빠르기부터 빠른 노래까지 연주하게 하면 자연스럽게 리듬감 및 합주 감각을 익힐 수 있습니다.

실제 수업 꿀팁

기악 연주는 너무 시끄러워요

리듬 악기는 음악 교육에서 매우 중요합니다. 어릴 때부터 타악기를 많이 연주해야 박자 감각 및 음악성 계발에 큰 도움을 받습니다. 많은 음악 학자는 학생들이 신체 표현과 함께 리듬 악기를 연주하도록 강조했으며, 저도 음악 수업에 자주 사용합니다.

악기를 연주하다 보니 소리가 시끄럽고 통제가 잘 안 될 때가 있습니다. 그러다 보면 선생님의 목소리가 더 커지게 되고, 한 차시 분량의 음악 수업만 해도 진이 빠지는 경우가 생깁니다. 그래서 기악 수업은 규칙을 미리 정하고 많은 훈련을 통해 반복해야 합니다. 반드시 선생님의 신호를 듣고 연주를 시작하는 훈련을 시켜야 합니다.
'준비'라는 소리가 들리기 전까지 학생들은 악기를 만질 수 없습니다. 준비라는 소리가 들리면 악기를 들고 선생님을 쳐다봐야 합니다. 이때 소리가 나서는 안 됩니다. 소리가 나면 다시 내려놓고 대기합니다. 이 훈련을 여러 번 반복해야 아름다운 합주가 가능해집니다.

리듬 악기가 없다면 몸으로

리듬 악기가 많으면 좋겠지만 학교마다 악기 보유 실정이 다릅니다. 한 번에 여러 반이 수업할 물량이 없기도 하고, 음악실을 사용하지 못하거나 아예 없는 경우도 있습니다.
만약 악기를 구하기 어렵다면 신체 표현으로 대체할 수 있습니다. 우리가 생각하는 '손뼉 치기', '발 구르기'에서도 다양한 소리를 낼 수 있습니다. '손을 이용하여 주먹으로 치기', '손바닥으로 치기', '손가락 튕기기', '손목으로 치기', '팔꿈치로 치기' 등 어떻게 치느냐에 따라 소리가 약간씩 달라집니다. 발의 경우도 왼발과 오른발을 각각 사용하게 되면 새로운 연주가 가능해집니다.
신체를 사용하여 다양한 소리를 만들도록 격려해주세요. 학생들은 기발한 방법으로 소리를 낼 수 있습니다.

릴레이 연주

• 준비물 : **선율 악기** • 소요 시간 : **20분** • 대형 : **모둠별 또는 일제식** • 활동 형태 : **전체**

연주는 항상 같이 시작하고 끝나야 하나요?

악기 연주를 포기하는 학생들의 단계가 있습니다. 처음에는 어떻게든 하려고 시작을 하다가 어려운 구간이 나오면 틀린 부분을 다시 연주하려고 합니다.
그 사이 악보는 지나가고 순서를 잃어 눈동자가 방황하다가 결국 그 곡을 완전 포기하게 됩니다. 구간별로 잘라서 연주하는 것은 어떨까요?
자신이 한 파트를 맡아서 연주하게 되면 책임감과 보람을 느낍니다. 마치 솔로로 연주하는 것 같지만 부담스럽지 않은 릴레이 연주 방법입니다.

준비

01 교과서에 있는 제재곡을 연주한다.

02 모둠별로 마디 번호를 정한다.

☞ 모둠이 4명일 경우 첫째 마디, 둘째 마디, 셋째 마디, 넷째 마디를 1명씩 맡기

시작

01 각 모둠별로 자신의 마디를 연습한다. 이때 연주가 끊이지 않아야 한다.

02 모둠 연습이 끝나면 전체가 한 노래에 맞춰 각자 자신의 차례에 연주한다.

03 각 모둠원은 자신의 차례(마디)에 일어나서 연주한다.

04 만약 노래 전체를 잘하게 되면 모둠 내에서 순서를 바꾸어 연습한다.

05 모둠별 릴레이 연주가 잘 되면 전체 릴레이 연주도 가능하다. 16마디의 노래라면 1~16까지 번호를 정해(학급별 인원수에 맞게) 한 명 또는 두 명이서 연주하게 한다.

주의사항

① 처음 모둠 연습을 잘하면 자신의 차례에 연주를 잘할 수 있습니다. 모둠은 서로 도와가며 가르쳐줄 수 있습니다.
모둠별 릴레이는 보통 한 학생당 2마디(8 마디곡)에서 4마디(16 마디곡) 정도만 연주하기 때문에 부담이 크지 않습니다.
또한 자신만 연주하는 것이 아니라 각 모둠의 같은 번호 친구들이 함께 연주하므로 부담감을 줄이게 됩니다.

② 전체 릴레이 연주를 성공했을 때 음악 감상이나 학생들이 좋아하는 음악 놀이를 시켜준다고 하면 동기부여가 됩니다.

실제 수업 꿀팁

예비박의 중요성

노래를 부르거나 악기를 연주할 때 선생님의 '큐사인'이 매우 중요합니다.

음악에서는 '예비박'이라고 합니다. 지휘자는 가창이 시작되기 전 손을 들고 시작과 동시에 손을 내립니다.

이는 예비박을 통해 학생들이 언제 노래를 시작할지, 악기를 연주할지 알게 합니다. 예비박은 보통 노래 시작의 한 마디 정도로 생각하면 됩니다.

4/4박자의 노래의 경우 1마디 전 미리 [하나 | 둘 | 시 | 작] 이렇게 4박에 맞춰 말하거나 손뼉을 치며 '시작' 부분을 강조할 수도 있습니다.

노래 중간중간 강조하고 싶은 말이 있나면 예비박과 마찬가지로 박에 맞춰 말해줍니다.

[하나 | 둘 | 시 | 작] 대신 [조금 | 더 | 천천 | 히히], [고 | 운 | 소리 | 로] 등으로 지시하게 되면 학생들이 더 잘 들을 수 있습니다.

내 맘대로 악보

• 준비물 : **리듬 악기** • 소요 시간 : **30분** • 대형 : **모둠별** • 활동 형태 : **전체**

음표와 쉼표를 몰라도 악보를 그릴 수 있어요

자신의 손으로 만든 작품을 고이 간직하는 경우가 많지요?

자신의 손에서 나온 것은 그만큼 애착을 느끼고 소중히 하는 마음이 생깁니다.

악보를 직접 만드는 것은 어떨까요? 학생들이 직접 악보를 만들어 연주하는 활동입니다.

준비

01 리듬 악기 4종류 정도를 미리 선택해 준비한다.

(예 : 캐스터네츠, 트라이앵글, 리듬스틱, 핸드드럼 등)

02 선생님은 칠판에 칸을 나누어 악보를 그릴 수 있는 공간을 준비한다.

(예 : 4/4박자의 경우 1칸에 1마디이고 4번 그리게 함)

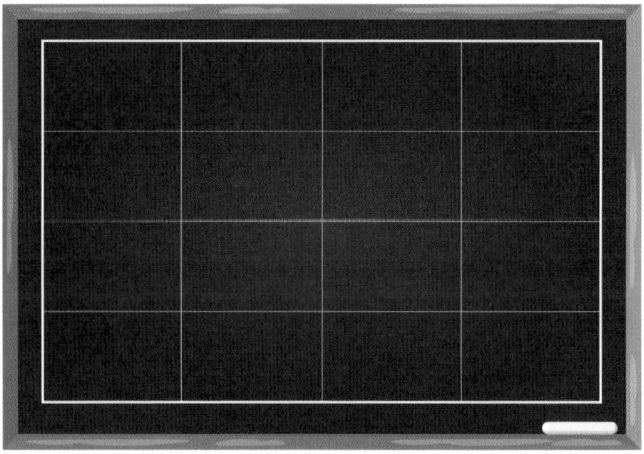

<칠판에 칸을 나눈 모습>

03 음악 시간에 연주할 곡을 감상한다.

04 악기를 그림으로 표현하도록 약속을 정한다. 모양을 보고 만들면 쉽게 이해할 수 있다.

(예 : 트라이앵글 △, 리듬스틱 X, 핸드드럼 ○, 캐스터네츠 □, 다같이 ◎ 등)

시작

01 선생님이 들려주는 곡에 맞춰 모둠별로 자유롭게 연주를 한다.

02 연주가 끝난 후 연주 방법을 논의한다.

☞ 4번 중에서 몇 번째 칠 것인지 생각

03 논의가 끝난 후 다시 연주한다.

04 연주 방법을 모둠장이 나와서 칠판에 적는다.

05 칠판에 나온 연주 방법에 맞춰 함께 연주한다.

△				△				△				△			
○	○			○	○			○	○			○			
□			□	□			□	□			□	□			
		×	×			×	×			×	×	×			

<4마디를 4가지 악기로 연주했을 경우>

06 연주가 자연스럽다면 모둠을 옮겨 다른 악기를 연주한다.

주의사항

① 음악에 맞춰 연주할 때 빠르기가 제각각인 경우가 있습니다. 그럴 때에는 선생님이 칠판을 가리키며 순서를 알려줍니다. 학생들이 원할 경우 '지휘자'를 뽑아 앞에서 순서에 맞춰 칠판을 가리키게 합니다.

② 악기 연주를 하기 전 악기의 특징을 설명합니다.

☞ 트라이앵글의 경우 소리가 높고 길게 뻗게 때문에 첫째 박에 사용

☞ 캐스터네츠는 작고 짧은 소리여서 강박보다는 약박에 사용

☞ 핸드드럼은 드럼처럼 3번째 박에 많이 사용

③ 곡은 반복되는 '훅(hook)'이 있는 노래, 클래식 중에서는 '라데츠키 행진곡', 오펜바흐의 '천국과 지옥' 등 경쾌하고 약간 빠른 곡이 좋습니다.

실제 수업 꿀팁

악보는 직관적으로 이해할 수 있게

요즘 웹툰이 아주 인기가 많습니다. 영화도 웹툰을 기반으로 만드는 경우가 생겼습니다.
예전에 비해 '직관'이 강조되는 시대입니다. 유명 가전제품도 별도의 설명서를 읽지 않아도 기호만 보고 작동 방법을 익힐 수 있도록 만들기도 합니다.
음악에서도 '직관'이 매우 중요합니다. 특히 악보의 경우 너무 어려우면 해석하는 데 많은 시간을 할애해야 합니다. 악보는 간단하고 한눈에 볼 수 있도록 그립니다. 악기를 기본 도형으로 표현하고 선을 사용하여 마디를 나눕니다. 간단한 규칙을 미리 약속한다면 학생들도 악보를 충분히 그릴 수 있습니다.

클래식을 몸으로 느끼자

클래식을 가르칠 때 가장 좋은 방법은 음악과 함께 악기를 연주하는 것입니다. 클래식을 화면으로만 보게 되면 몸에 와닿지가 않습니다. 클래식은 감상보다 연주가 더 효과적입니다.
만약 악기 연주를 하고 싶다면 곡의 길이가 짧고 멜로디가 반복적으로 나와 단순하며 학생들이 많이 아는 클래식을 선정하는 것이 좋습니다.
예로 들은 라데츠키 행진곡은 크고 작은 셈여림이 매우 강조되는 재미있는 곡입니다. 신년음악회에서 필하모닉 오케스트라 마지막 곡으로 라데츠키 행진곡을 연주합니다. 지휘자는 박수를 유도하고 관객들은 지휘자에 맞춰 박수의 크기를 조절합니다.
유튜브에서 '라데츠키 행진곡'을 검색해 보세요. 그리고 또 다른 여러 클래식 곡을 검색하여 '셈여림', '빠르기'의 변화가 많은 곡들을 선택해 보세요. 학생들이 매우 즐겁게 연주합니다.
그 외 몇 곡을 더 소개하겠습니다.

- 오펜바흐 '천국과 지옥' - 빠르기, 셈여림의 변화
- 하이든 '놀람교향곡' - 악센트, 셈여림의 변화
- 생상스 '동물의 사육제' - 다양한 악기(음색), 동물에 따른 빠르기와 셈여림 변화

CHAPTER 03

몸과 마음을 열어주는 놀이 (음악 이론 & 음색)

미션 눈치게임

• 준비물 : **없음** • 소요 시간 : **10분** • 대형 : **일제식 책상** • 활동 형태 : **전체**

눈치게임에 학습 효과를 더하다

누구나 좋아하는 국민 놀이, 바로 눈치게임입니다.

눈치게임을 하며 중요한 음악 용어를 외우게 하는 방법을 소개합니다.

준비

01 수업 후 마무리 단계에서 중요한 음악 용어를 칠판에 적는다.

02 단어가 길 경우 청킹(첫 글자를 따서 묶는 것)을 사용하여 적는다.

☞ '리듬, 가락, 화성, 셈여림, 빠르기'라면 '리, 가, 화, 셈, 빠' 식으로 적는다.

시작

01 눈치게임과 방식은 동일하나 칠판에 쓰여 있는 글자 순서대로 일어서며 말해야 한다.

02 중간에 글자가 틀리거나 동시에 두 사람 이상이 일어서면 미션에 실패하게 된다.

03 미션은 글자 수에 따라 5글자면 3바퀴 돌기(15명), 2바퀴 돌기(10명) 등으로 정한다.

04 미션에 성공하면 반 전체 보상 활동으로 음악 감상이나 자유 시간을 준다.

주의사항

① 이 놀이는 학생 누구나 참여하고 싶어 합니다. 다만, 단체 미션이다 보니 실수했을 때 비난을 하는 경우가 있는데, 선생님이 미리 비난하지 않도록 지도해야 합니다.

② 미션을 처음에 조금 어렵게 주고 계속 실패할 경우 난이도를 낮추는 것도 방법입니다. 처음에는 15명 성공, 다음에는 10명 성공 등으로 내려서 결국에는 성공하게 하면 학생들의 성취감이 매우 높아집니다.

실제 수업 꿀팁

전체 미션의 장점

교실에서 벌어지는 많은 상황은 선생님의 노력 여하에 따라 바뀌는 것이 가능한 것도 있고 불가능한 것도 있습니다. 학생 개개인의 성향이나 학급 분위기는 선생님의 의도와 상관없이 매년 달라질 수 있습니다.

선생님이 노력할 수 있는 부분 중 하나는 '전체를 위한 활동'입니다. 학생들은 모두 다르지만 학생은 학생이니까요. 의도적으로 협동할 수 있는 미션을 주어야 합니다. 학생들은 의외로 전체 미션에 잘 따라줍니다. 어른과 가장 다른 점은 안 좋았던 감정을 잘 잊고 새로운 우정을 만들 수 있다는 것입니다.

전체 미션은 학급에 대한 인식을 긍정적인 요소로 만드는 힘입니다. 난이도가 너무 높지 않은 다양한 놀이인 '눈치게임', '007 박자 맞추기', '단어 1개씩 말하기' 등을 통해 성취감을 느끼게 하고, 여기에 약간의 보상을 곁들이면 학생들에게 좋은 추억이 될 것입니다.

학급 운영의 중요한 원칙

전체 미션의 경우 학생들이 자발적으로 열심히 참여하는 편이지만 보상의 유혹(?)을 이기지 못하고 담합하려는 상황이 생길 수 있습니다. 눈치게임의 순서나 말하는 학생을 미리 정하려는 상황이 발생하기도 합니다. 선생님은 보상 이전에 학급 운영 철학을 학생들에게 지속적으로 강조해야 합니다.

제가 놀이를 할 때 강조하는 것은 '불성실 금지', '규칙 준수', '비난 금지' 이 3가지입니다.

어떤 놀이에도 '재미없다', '하기 싫다'라는 말을 직접적으로 표현하는 학생들이 있습니다.

이것은 전체 분위기에 악영향을 끼치며 열심히 준비해 온 선생님에 대한 예의가 아니기 때문에 먼저 불성실 금지를 강조합니다.

또한 놀이마다 반드시 지켜야 할 규칙이 있는데, 규칙을 기준 삼아 놀이를 해야 합니다. 규칙이 무너지면 놀이가 무너진다고 강조합니다.

마지막으로 경쟁 요소가 있는 놀이에서는 서로를 놀리거나 못했다고 비난하는 경우가 있습니다. 모든 놀이는 건전한 인성을 바탕으로 하는 것임을 강조해 알려주고 비난 금지를 강조해 주세요. 놀이를 할수록 학생들의 재미와 교육적 효과를 동시에 잡을 수 있습니다.

밤나무가라사대

• 준비물 : A4 용지 • 소요 시간 : 20분 • 대형 : 짝 또는 모둠별 • 활동 형태 : 짝 또는 모둠

#이 한 개 붙으면 무슨 장조예요?

#과 b의 개수에 따라 조성이 바뀌는데, 이걸 어떻게 알아야 할까요?

'밤나무가라사대', '신랑가마나쁘다' 이 두 가지만 기억하세요.

이 놀이면 한 방에 해결할 수 있습니다.

준비

01 칠판에 크게 '밤나무가라사대', '신랑가마나쁘다'라고 쓴다.

02 학생들에게 두 문장 읽기를 계속해서 반복시킨다.

03 어느 정도 숙달되면 오선이 그려져 있는 A4 용지를 나눠 준다.

04 8칸의 순서에 맞춰 b을 그린다.

(예 : 파, 시, 미, 라, 레, 솔, 도)

■ 차차르트 블로그 blog.naver.com/fgfc12 참조

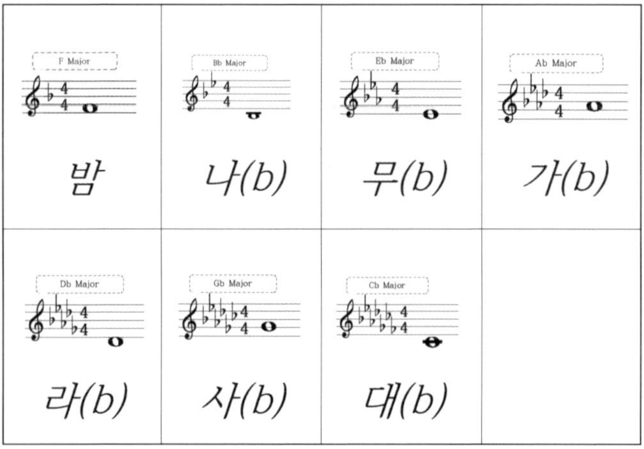

<b(플랫)이 들어간 화성 익히기>

05 오선 아래 ' 밤(바), 나(나), 무(마), 가(가), 라(라), 사(사), 대(다)'를 쓰고 으뜸음을 그린다. 한글 옆에 'b'가 붙으면 '내림'이 된다. 예를 들어 나(b)는 내림 나장조이다.

06 완성이 되었으면 칸별로 오린다.

시작

01 모둠별로 카드를 모두 모아 섞는다.

02 가위바위보를 해서 이긴 학생은 카드를 1장 가져가거나 버릴 수 있다.

03 학생들이 가져간 카드가 7장(바, 나, 마, 가, 라, 사, 다)이 모두 모이면 “밤나무!”라고 외친다.

04 같은 카드를 2장 가지고 있으면 반드시 1장을 버려야 한다. 가위바위보에서 이겨야 카드를 버릴 수 있다.

05 카드를 모두 모은 학생은 계속 놀이에 참여한다. 가위바위보에서 이겼을 경우 다른 학생에게 카드를 줄 수도 있고 뺏어올 수도 있다.

06 정해진 시간 내에 많은 학생이 완성한 모둠이 승리한다.

놀이 응용

01 ‘#’을 가르칠 때도 비슷한 방법으로 한다.

02 A4 용지에 ‘파 도 솔 레 라 미 시’ 순으로 ‘#’을 그린다.

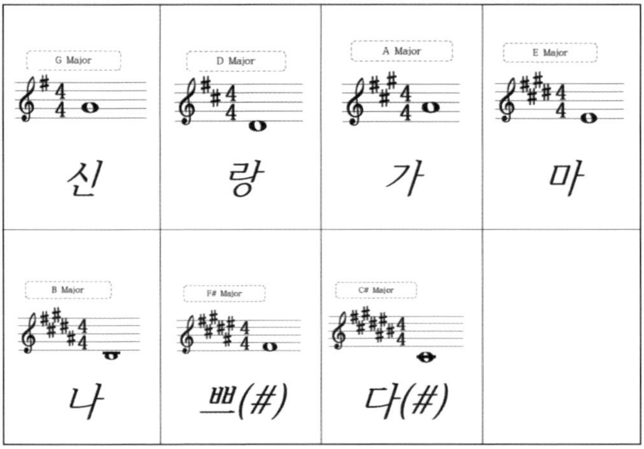

03 그 밑에 ‘신(사), 랑(라), 가(가), 마(마), 나(나), 쁘(바), 다(다)’라고 쓰고 으뜸음을 그린다.

04 놀이 방법은 ‘밤나무가라사대’의 방식과 같다.

실제 수업 꿀팁

'ㅂ나무가라사대', '신랑가마나쁘다'의 탄생 배경

어렸을 적 피아노 학원에 다녔을 때 하루 10분 정도 이론을 배웠습니다. 음표부터 조성, 음악 기호 등을 배웠는데 어른이 된 지금까지 기억하고 있습니다.

'밤나무가라사대', '신랑가마나쁘다' 역시 제가 초등학교 때 배웠던 이야기입니다. 어느 산속에 혼인을 서두르는 신랑이 산에서 가마를 만들었는데 그것을 본 밤나무가 너무 급하게 만든 가마를 보고 한 이야기입니다.

'밤나무가라사대', '신랑가마나쁘다'

이 말의 초성만 따면 조성을 알 수 있습니다. '바나마가라사나', '사라가마나바다'와 같이 됩니다. 지금 생각해보면 엉뚱하지만 재치 있는 청킹 비법입니다. 조성을 외우는 방법은 다양하지만, 청킹으로 학생들을 가르치면 오래 기억할 수 있는 장점이 있습니다.

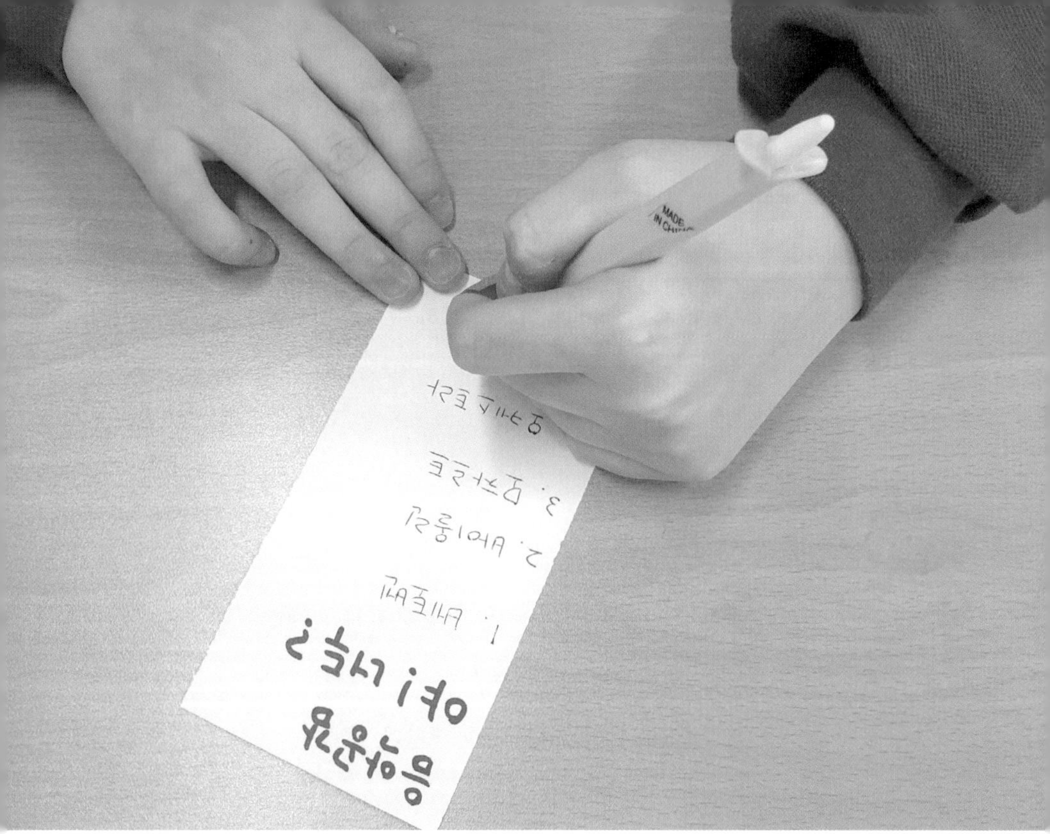

음악공감 야! 너두?

• 준비물 : **A4 용지** • 소요 시간 : **20분** • 대형 : **모둠별 또는 일제식** • 활동 형태 : **모둠 또는 전체**

야! 너두 그렇게 생각했어?

배움이 일어나기 전 학생들의 사전 지식을 파악하는 것이 중요합니다. 놀이를 통해서 사전 지식을 파악하면 어떨까요? 바로 이 놀이를 활용하면 됩니다.

특정 단어를 들었을 때 떠오르는 개념, 느낌 등을 서로 소통하는 놀이입니다.

나의 생각뿐만 아니라 상대방의 생각까지 고민하게 만드는 소통 놀이를 즐겨봅시다.

준비

01 A4 용지를 2번 접어 4칸을 만든다.

02 선생님은 칠판에 주제 단어를 한 개 적는다.

03 학생들은 1칸에 1부터 6까지 적고, 칠판에 적힌 단어에 떠오르는 낱말을 적는다.

☞ '음악' 이라고 적었을 경우 '1. 악기, 2. 노래, 3. 신남, 4. 음표 5, 가요 6. 클래식' 등

시작

01 모둠에서 1번이 먼저 자신이 적은 낱말 중 한 가지를 말한다.

02 다른 모둠원이 같은 낱말을 적었는지 거수로 표시한다. 만약 본인을 포함하여 3명이 적었다면 단어 옆에 '3' 이라고 적는다.

03 모둠원이 돌아가며 단어를 말하고 점수를 체크한다.

04 모든 모둠원이 단어를 말하면 개인 점수를 합산한다. 가장 점수가 높은 학생이 승리한다.

05 1라운드가 끝나면 선생님은 다른 단어를 적는다.

주의사항

① 이 놀이는 학생들이 알고 있는 사전 지식을 활용할 때 좋습니다. 예를 들어 클래식이라는 단어를 들었을 때 생각나는 것, 작곡가나 악기, 국악 등 동기유발 활동으로 좋습니다.

② 이 놀이를 모둠 활동으로 하고 바로 전체 활동으로 넘어갈 수 있습니다. 모둠에서 가장 많이 나온 단어 Top5를 뽑아서 다른 모둠과 대결하게 하는 것도 좋은 방법입니다.

③ 단어를 사용하게 하는 것이 좋습니다. 만약 다른 조건을 붙일 경우(기쁨, 슬픔 등 감

정까지 허용) 이를 미리 알려주면 학생들이 정확하게 자신의 생각을 적을 수 있습니다.

실제 수업 꿀팁

시작이 반

저는 학기 초에 학생들이 좋아하는 음악을 미리 조사합니다. 긴장되고 설레는 3월의 첫 수업에서 학생들에게 좋아하는 음악, 배우고 싶은 음악 활동 등을 적게 합니다. 학생들이 좋아하는 음악과 활동들을 파악해서 학습 내용에 반영합니다. 좋아하는 곡을 가창이나 기악 활동에 넣으면 집중력이 높아집니다. 또한 보상 활동으로 활용할 수 있습니다. 수업 시간이 약간 남았을 때 좋아하는 음악을 틀어주기도 합니다.

선생님이 음악적으로 뛰어난 것도 중요하지만, 좋은 음악 선생님이란 학생들의 수준과 흥미를 잘 파악하는 선생님라고 생각합니다.

도입 활동과 정리 활동

꿀팁에서 이미 소개했지만 학생들이 가장 집중할 수 있는 시간을 공략하는 것이 좋습니다. 보통 수업 시작 시간이 학생들의 집중력이 가장 좋습니다. 도입 활동에는 학생들이 무엇을 공부하는지, 어떻게 놀이를 해야 하는지 이야기합니다. 도입 활동에서 설명이 정확하고 규칙을 잘 숙지해야만 본 활동에서 학생들이 잘 따라올 수 있습니다. 정리 활동 역시 마찬가지입니다. 복습을 하면 기억을 더 잘할 수 있습니다.

'음악공감 야! 너두?'는 이 두 가지 활동을 모두 할 수 있는 놀이입니다. 도입 활동에서 학생들의 사전 지식을 점검하고 다른 친구들의 지식을 공유합니다. 또한, 정리 활동에서는 그날 배운 수업의 키워드를 정리하고 복습합니다. 간단하지만 중요한 시간대에 사용할 수 있는 놀이이므로 다른 교과에서도 활용해 보세요.

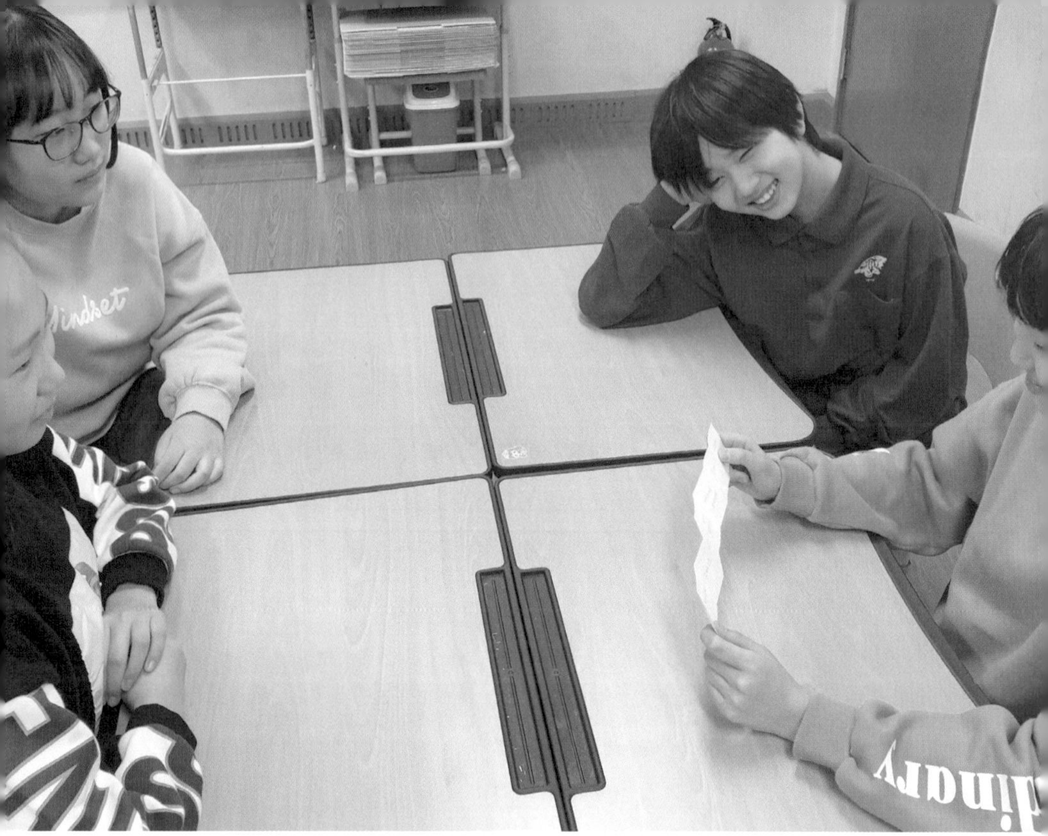

클래식 한 줄 빙고

• 준비물 : A4 용지 • 소요 시간 : 20분 • 대형 : 모둠별 • 활동 형태 : 모둠

세기의 음악가를 퀴즈 하나로

클래식 하면 '따분하다.', '지루하다.'라고 생각하는 학생들이 있죠?

감상과 활동을 섞으면 참여도가 훨씬 높아집니다.

'클래식 한 줄 빙고'는 클래식 음악가와 작품을 연결하여 배우는 음악 놀이입니다.

준비

01 먼저 음악 교과서에 나오는 클래식 음악가와 대표곡을 배운다.

☞ 한 음악가에 1~2개 정도의 대표곡만 연결

02 A4 용지를 3번 접어 8칸을 만들고 4쌍의 음악가와 작품을 적는다.

모차르트	베토벤	슈베르트	엘가
터키 행진곡	엘리제를 위하여	송어	사랑의 인사

<A4용지에 작곡가와 작품 적기>

03 완성하면 가위로 잘라 8장을 모둠 중간에 카드 더미로 만든다.

시작

01 모둠에서 순서를 정해 첫 번째 학생이 카드 더미에서 한 장을 가져간다.

02 가져간 카드로 문제를 낸다. 이때 곡이 나오면 멜로디로 퀴즈를 내야 하고, 음악가가 나오면 대표곡으로 설명한다.

03 정답을 아는 학생이 손을 들고 문제를 맞히면 카드를 획득한다.

04 카드가 다 떨어질 때까지 퀴즈를 낸다. 카드를 많이 획득한 학생이 승리한다.

주의사항

① 모둠 내 놀이가 숙달되면 모둠 대결도 가능합니다. 모둠 가운데 카드 더미를 놓고 한 장씩 가져가서 다른 모둠 학생들과 대결을 합니다. 가위바위보로 선을 정해 진

학생이 문제를 내서 맞히면 이긴 학생이 가져갑니다. 카드가 다 떨어지면 자신의 모둠에 와서 카드를 가져가게 합니다.

② 난이도를 높이고 싶다면 A4 용지 2장으로 8명의 음악가로 늘립니다.

실제 수업 꿀팁

또래 선생님 활용

먼저 미션을 완료한 학생은 '또래 선생님'으로 계속 활동합니다. 아직 끝내지 못한 친구들의 문제를 해결해 주며 모두가 활동을 마칠 수 있도록 돕는 역할입니다. 이때 쉽게 구분할 수 있도록 팀 조끼, 스카프, 목걸이를 활용합니다.

찾기도 쉬울뿐더러 활동을 먼저 끝낸 학생들에 대한 자연스러운 보상이 되는 것이죠. 남들보다 빨리 미션을 완료하고 그것을 뽐내고 싶은 학생들의 욕구를 쉽게 충족시켜줄 수 있는 좋은 방법입니다. 또래 선생님을 하고 싶어 학생들은 더욱 열심히 활동하게 됩니다.

음치 걱정 NO! 실력 걱정 NO!

스피드 퀴즈를 하면 학습이 부진하거나 노래를 못하는 학생에 대한 걱정이 많습니다. 컷팅 빙고 놀이에서는 한정된 노래와 작곡가를 가지고 활동하기 때문에 중복된 문제가 많이 나옵니다. 따라서 같은 단어를 여러 번 설명하여 쉽게 맞히게 됩니다.

노래 실력과는 큰 상관이 없습니다. 멜로디뿐만 아니라 리듬만으로도 학생들은 맞힐 수 있습니다. 또한 잘 몰랐던 노래를 설명하는 친구의 멜로디를 듣고 따라 할 수 있게 되죠. '나는 이렇게 설명했는데, 다른 친구는 더 쉽게 설명하네?' 하며 효율적으로 알려주는 방법을 배우게 됩니다.

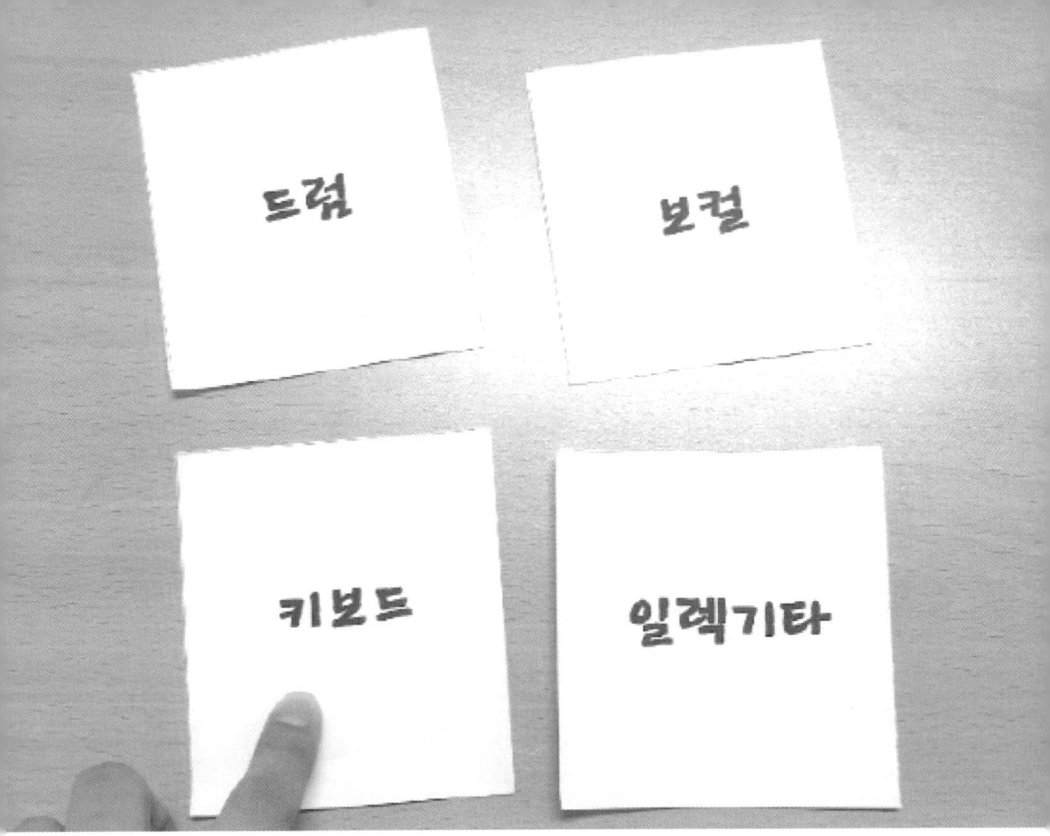

그러치 밴드

• 준비물 : **A4 용지** • 소요 시간 : **20분** • 대형 : **모둠별** • 활동 형태 : **모둠**

가라지 밴드의 한국 버전, 그러치 밴드

외국에서는 밴드 활동이 아주 활발한데, 우리나라는 장소, 악기 문제 등으로 운영이 쉽지 않습니다. 그렇다면 놀이로 해 보는 것은 어떨까요?
유명 앱 가라지 밴드의 이름을 본떠 만들어 보았습니다. 친구들과 함께 밴드를 구성할 수 있는 교실 놀이를 즐겨보세요.

준비

01 밴드가 연주하는 2~3곡을 감상한다.

☞ 학생들이 아는 노래를 연주하는 영상을 보여주면 학습효과가 높다.

02 밴드에서 사용한 악기의 이름과 연주 방법 등을 알아본다.

03 밴드에 나왔던 악기들의 이름을 A4 용지에 적는다.

베이스기타	보컬	솔리스트
일렉기타	드럼	키보드

<A4 용지에 밴드 악기 적기>

시작

01 카드를 한 장씩 학생들에게 나눠 준다.

02 "시작!" 소리와 함께 학생들은 자신의 악기를 몸으로 표현하고 밴드를 구성한다.

03 밴드를 구성한 학생들은 자리 배치와 어떤 곡을 연주할지 결정한다.

04 솔리스트는 밴드와 상관없이 자신이 연주하고 싶은 곡을 보고 들어갈 수 있다.

05 밴드가 모둠별로 구성되면 밴드 노래에 맞춰 가상으로 연주한다.

주의사항

① 비록 가상 연주이지만 밴드를 이해하는 데 도움이 됩니다. 연주 방법, 자리 배치 및 악기 탐색과 함께 음색을 알 수 있는 활동입니다. 소리를 내 보게 할 수도 있습니다.

② 학교 실정에 맞는 악기를 사용해도 좋습니다.

예를 들어 기타 대신 우크렐레, 키보드 대신 멜로디혼이나 실로폰, 솔리스트 악기로 리코더, 드럼 대신 리듬 악기를 사용할 수 있습니다.

실제 수업 꿀팁

밴드의 장점

악기와 보컬이 한 팀이 되어 곡을 연주하는 그룹을 밴드라고 합니다. 학교에서는 밴드를 구성하기 쉽지 않습니다. 한 반에 여러 명의 학생이 있기 때문입니다. 악기의 제약도 있습니다. 외국의 수업을 보면 밴드를 구성해 음악을 연주하는 장면을 유튜브 또는 영화에서 자주 볼 수 있습니다. 밴드는 무엇보다 자신이 한 파트를 맡아 연주함으로써 책임감과 협동심을 키우기에 아주 좋은 활동입니다. 자신이 악기를 잘 다루지 못하더라도 난이도를 조절할 수 있다는 것이 큰 장점입니다. 예를 들어 피아노나 실로폰과 같은 건반 악기에 자신이 없다면 리코더나 리듬 악기를 연주할 수도 있습니다.

밴드의 활용

밴드를 구성한 후 학생들끼리 악기를 서로 공유하고 가르칠 수 있습니다. 이럴 경우 리듬감이 좋거나 악기를 오래 연주한 학생을 밴드 리더로 세우면 좋습니다. 선생님은 학생들의 음악 수행 능력을 관찰하고 미리 잘하는 학생을 몇 명 선정합니다. 나중에 밴드를 구성할 때 그 학생들이 밴드에 한 명씩 들어가게 하면 균형을 맞출 수 있습니다.

밴드가 연주할 때는 교실 분위기를 공연장처럼 만드는 것도 좋습니다. 무대 앞에 미리 밴드가 연주할 수 있도록 자리를 세팅합니다. 악기 배치를 하고 조명도 있으면 설치합니다.

밴드 음악만으로 소리가 부족할 때는 컴퓨터로 음악을 깔아주는 것도 방법입니다. 기본적인 음악 위에서 연주를 하면 훨씬 잘하는 느낌이 납니다. 이렇게 학생들에게 성취감을 맛보게 하면 학생들의 음악성 계발 및 자신감에 큰 도움이 됩니다.

눈치 마피아

• 준비물 : A4 용지 • 소요 시간 : 30분 • 대형 : 모둠별 • 활동 형태 : 모둠

마피아 놀이의 응용 버전

마피아 놀이를 알고 있나요?

간단하지만 긴장의 끈을 놓칠 수 없는 스릴 있는 놀이입니다. 음악 시간에도 사용할 수 있습니다.

여러 가지 추리와 눈치로 마피아가 누구인지 찾아보세요. 악기를 말로 설명할 수 있도록 만드는 놀이입니다.

준비

01 먼저 다양한 악기의 음색과 특징, 종류를 배운다.

02 모둠별로 파트를 맡아 A4 용지에 악기 이름을 적는다. 이때 한 가지 악기만 다른 종류로 적는다.

03 적은 종이를 선생님 책상에 올려놓는다.

바이올린	바이올린
바이올린	마피아

<4명이 놀이를 할 경우 마피아 1명, 같은 악기 3명>

04 선생님은 각 모둠에 종이를 나누어 준다.

☞ 모둠이 5명이면 1 → 2 → 3 → 4 → 5 방향

시작

01 모둠별로 종이를 뒤집은 채 한 장씩 뽑는다.

02 자신이 뽑은 악기를 확인하고 모둠원과 함께 이야기를 시작한다. 시계 방향으로 한 학생이 옆 학생에게 질문하면 그에 대해 대답한다.

03 마피아는 눈치껏 친구들의 대답을 듣고 적절히 거짓말을 해야 한다.

04 정해진 시간 내에 마피아를 찾아낸다.

05 마피아는 어떤 악기인지 맞히고, 악기를 가진 학생은 마피아가 누군지 맞힌다.

주의사항

① 처음부터 '나, 바이올린이야.' 식으로 악기를 말할 수 없다고 설명합니다. 바이올린이라면 '소리가 좋다.', '높은 음이 잘 난다.' 등의 힌트를 친구들에게 줍니다.

② 전체 시간을 정해 2~3분씩 활동하고 모둠끼리 활동하면 다양한 종류의 악기를 경험할 수 있습니다. 또한 다양한 악기를 설명하는 방법도 배울 수 있습니다.

실제 수업 꿀팁

'서로 가르치기' 효과

학습 효과가 가장 높은 교수법을 알고 있나요? 강의식 수업이나 프로젝트 수업보다 더 기억에 오래 남는 교수법이 '서로 가르치기'라는 연구 결과가 있습니다. 머릿속으로는 분명히 아는 것 같은데 그것을 말로 설명하는 것은 또 다른 차원입니다. 그래서 서로 가르치는 것이 효과가 있습니다. 유대인들 역시 도서관에서 서로 마주 보고 이야기하며 공부를 합니다.

음악 수업에도 이를 적용할 수 있습니다. 예를 들어 현악기에 대해서 배웠다면 현악기의 특징과 종류, 음색 등을 설명할 수 있어야 합니다. 음악은 눈으로 보이지 않는 영역이 많아서 설명하기가 쉽지 않습니다. 그렇기 때문에 음악 이론은 놀이를 통해 서로 가르치며 즐겁게 배울 필요가 있습니다.

직접 교수법 중 '시범 보이기' 활용

'서로 가르치기'는 매우 좋은 교수법임에도 현장에서 사용할 때 어려운 점이 있습니다.

학생들은 서로에게 무엇을 가르쳐야 할지 모르는 경우가 많기 때문입니다. 이때 선생님이 미리 시범을 보이면 좋습니다.

이 놀이에서는 서로 질문하고 답을 합니다. 이때 질문 자체를 만들기 어려울 수도 있습니다.

그럴 경우 선생님이 미리 질문지를 준비합니다. 질문지의 예는 다음과 같습니다.

질문지

- 이 악기 하면 어떤 색깔이 떠오릅니까?
- 이 악기 하면 떠오르는 장소는 어디입니까?
- 소리는 어떤 느낌입니까?
- 연주해 본 적 있나요?
- 가격은 얼마쯤 할까요?

이런 식으로 선생님이 미리 시범을 보이면 학생들은 이를 바탕으로 자신의 질문을 펼칠 수 있습니다.

또한 선생님은 항상 학생들에게 힌트를 주어야 합니다. 그 힌트를 발판 삼아 새로운 것을 만들 수 있도록 도와주는 노력이 필요합니다.

동물 농장

• 준비물 : A4 용지 • 소요 시간 : 20분 • 대형 : 전체 • 활동 형태 : 개인

동물 울음소리로 할 수 있는 놀이

제목이 조금 웃기긴 하지만 그대로입니다. 자신이 원하는 동물 울음소리로 노래를 맞히는 놀이입니다.

음악의 기본 개념 중 '음색'에서 여러 사람의 목소리를 알아볼 때 도움이 되는 놀이입니다.

준비

01 음악 시간에 배웠던 노래 10곡 이하 정도를 한 번씩 불러본다.

02 A4 용지를 나눠 주고 2번 접어 4칸을 만든다.

03 1칸에 배운 곡 1개를 무작위로 적고 4칸을 다 채우면 자른다. 그리고 교실 중간에 바구니를 설치하여 학생들이 종이를 넣도록 한다.

도라지 타령	닐리리야
도롱뇽	연어야 연어야

<음악 제재곡 쓰기>

04 선생님의 "시작!" 소리와 함께 모둠에서 순번을 정해 1장씩 뽑아서 가져간다.

시작

01 종이를 뽑은 학생은 모둠으로 돌아와서 노래로 설명한다. 이때 동물 울음소리로만 설명해야 한다.

02 동물 울음소리를 듣고 모둠원들은 문제를 맞힌다.

03 문제를 맞히면 다음 차례 모둠원이 나가서 종이를 뽑고 자리로 돌아온다.

04 시간을 정해서 끝날 때까지 문제를 맞히도록 하고, 끝나면 맞힌 종이의 개수를 센다.

05 만약 틀리거나 문제를 내기 어려우면 바구니로 가져와서 다른 종이로 바꿔 갈 수 있다.

놀이 응용

01 이 놀이는 감상 활동에도 유용하게 쓰입니다.
예를 들어 모차르트의 '작은 별', 베토벤의 '운명' 등 다양한 음악가의 이름과 곡을 배운 후 작곡가와 곡을 맞히는 놀이로도 응용 가능합니다.

02 학생들이 이미 알고 있는 동요, 가요 등을 활용할 수도 있습니다.
다만, 학생들에게 명확한 기준을 주어야 하고, 모두가 아는 곡으로 하거나 미리 학습한 곡으로 하는 것이 좋습니다.

실제 수업 꿀팁

반칙의 상황을 예상하여 미리 설명하기

스피드 퀴즈 등 경쟁이 있는 활동에서는 승부욕 때문에 반칙이 나오기도 합니다. 놀이가 시작된 후 반칙을 제지하려고 하면 놀이의 몰입감이 떨어질 수 있습니다. 또한 학생들의 집중력이 떨어진 상황이라 설명을 제대로 듣지 않을 가능성이 있습니다. 그래서 선생님은 놀이 시작하기 전 미리 반칙의 상황을 설명해야 합니다.
먼저, 모둠별로 문제를 맞힐 때 설명을 듣기도 전에 답을 마구잡이로 말하는 경우가 있습니다. 그럴 경우 페널티를 부여한다고 미리 설명합니다. 또한 동물 울음소리가 아니라 가사를 직접 말하거나 노래에 대한 힌트를 말로 설명하는 경우가 있습니다. 역시 점수를 잃고 다시 종이를 가져와야 한다고 설명합니다.
마지막으로 종이를 집을 때 뛰는 학생이 있을 수 있습니다. 뛰는 경우 다시 걸어서 자신의 자리까지 돌아가야 한다고 설명합니다.

수업의 시작과 마무리 시간 활용

수업 시간을 잘 분배할 필요가 있습니다. 학생들의 집중력이 가장 좋을 때는 언제일까요?
수업을 시작할 때입니다. 수업 시작하는 시간에 선생님이 설명하는 것이 좋습니다.
학생들이 집중하고 있기 때문입니다. 수업 시작 시간에 선생님의 설명을 잘 들어야 나머지 시간에 선생님의 잔소리나 개입이 줄어듭니다. 처음에 분위기를 잘 잡고 선생님이 차분히 설명하는 것이 필요합니다.

마무리 시간 역시 중요합니다. 학생들이 즐겁게 활동에 참여했다면, 마지막 활동에서는 복습을 해서 수업에서 배운 것이 무엇인지 다시 설명해야 합니다. 개인별 퀴즈 활동을 했다면 마무리 시간에는 전체를 대상으로 문제를 냅니다.

그래서 그날 한 수업 내용을 다시 정리하는 시간을 갖고 무엇에 대해 배웠는지를 환기시키면 오래 기억할 수 있습니다.

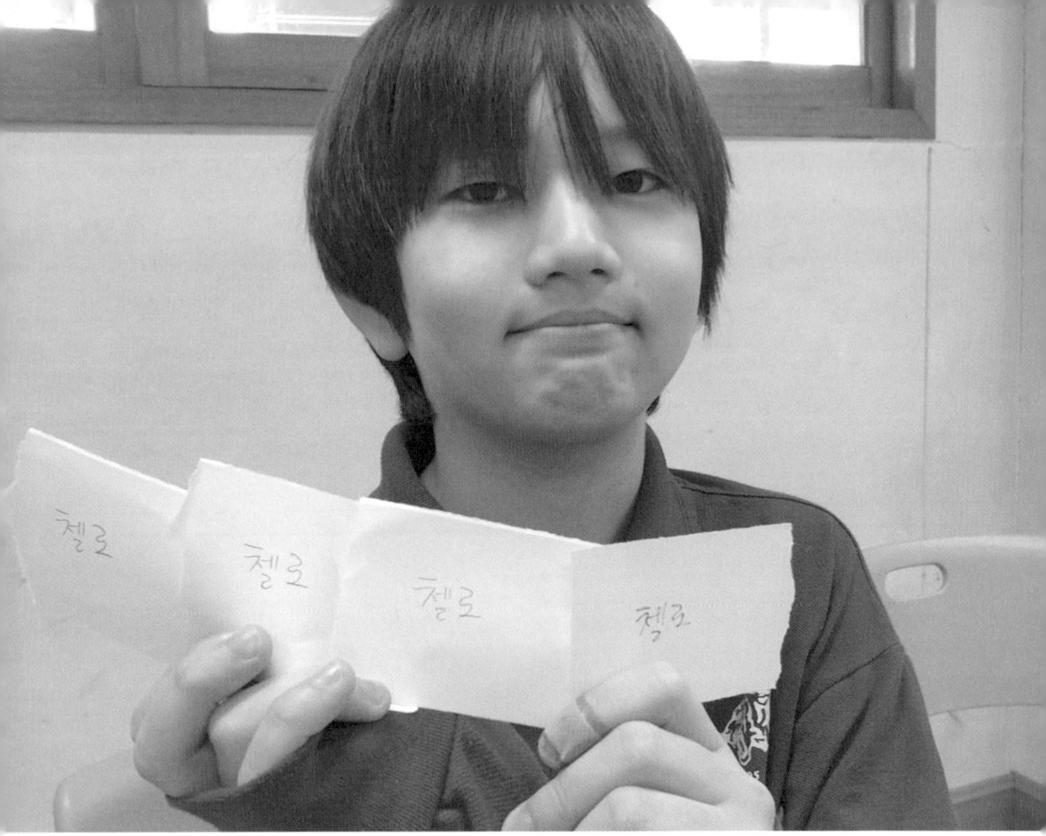

모아라!

• 준비물 : **A4 용지** • 소요 시간 : **20분** • 대형 : **모둠별** • 활동 형태 : **모둠**

다양한 악기를 기준에 맞게 모아라!

금관악기, 목관악기, 타악기, 현악기 등 악기에는 종류가 많습니다.

초등학교 성취 기준에서는 가르칠 내용이 학년군으로 나누어져 있습니다. 중학년의 경우 사람의 목소리와 타악기를, 고학년의 경우 관악기와 현악기의 음색을 공부하도록 권장하고 있습니다.

놀이를 통해 악기 종류를 이해하고 기준에 맞게 직접 모아봅시다.

준비

01 모둠별로 A4 용지에 같은 음색의 악기를 적는다.

☞ 금관악기의 경우 트럼펫, 트럼본, 호른, 튜바 등

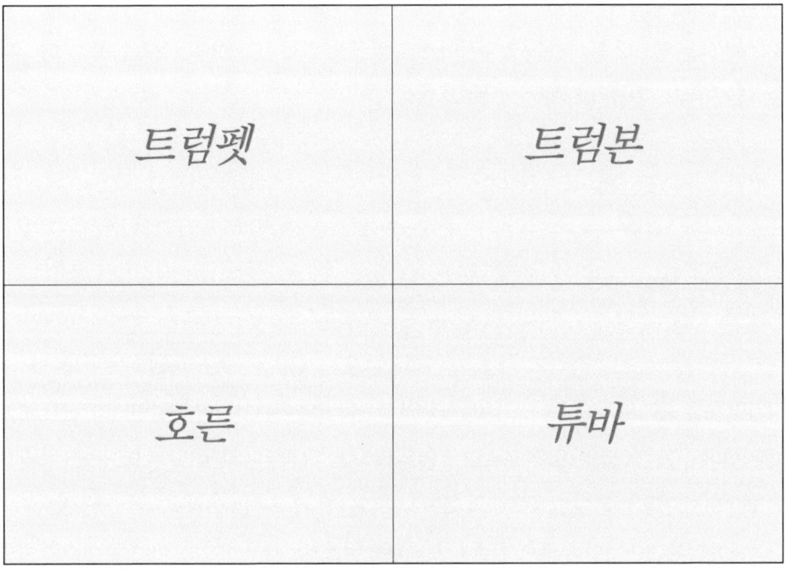

<금관악기 종류 적기>

02 모둠원이 4명인 경우 개인당 4장씩 카드를 가져간다.

03 선생님이 "옆으로!"라는 말을 하면 자신이 가진 카드 4장 중에서 1장을 왼쪽 친구에게 준다.

04 학생들은 카드를 계속 옆으로 돌리면서 자신의 카드에 한 종류의 악기가 모이도록 한다. 예를 들어 금관악기를 모은다면 트럼펫, 트럼본, 튜바, 호른 이렇게 4장을 모아야 한다.

05 먼저 카드를 모은 학생은 "빙고!" 라고 외치고 어떤 종류의 악기를 모았는지 말한다.

06 익숙해지면 학생들끼리 스스로 카드를 섞고 놀이를 진행하게 한다.

놀이 응용

01 A4 용지를 3번 접어 8칸에 자신이 원하는 악기를 쓰도록 한다.

02 카드를 잘 섞고 4장씩 가져간 후 나머지는 책상에 펼쳐 놓는다.

03 이번에는 옆으로 돌리지 않고 자신의 카드 한 장을 펼쳐 놓고 다른 한 장을 가져온다.

04 악기가 모두 같은 종류이면 "빙고!"를 외친다.

실제 수업 꿀팁

금관악기와 목관악기의 차이

악기의 종류 중에서 다른 것은 구분이 쉬운데 금관악기와 목관악기가 헷갈립니다. 바로 이름 때문입니다. '금관'이라는 말은 금속으로 만든 악기고, '목관'은 나무로 만든 악기라고 생각하기 때문이지요. 외관을 보고 반짝이는 금이 보인다고 해서 무조건 금관악기는 아닙니다.

금관악기와 목관악기의 구분은 '입술을 진동시켜 연주하는 방법의 차이'입니다. 입술을 진동시켜서 소리가 나는 악기를 금관악기로 구분합니다. 입술을 진동시켜 여러 음을 내야만 합니다. 그래서 버튼이 적거나 슬라이드로 음을 조절합니다. 트럼펫, 트럼본, 호른, 튜바 등이 있습니다.

목관악기의 가장 큰 특징은 '리드'라는 부분이 달려 있다는 것입니다. 외관이 금관처럼 되어 있다고 해도 입술이 닿는 부분을 보면 나무 떨림판이 있습니다. 그리고 리코더 운지와 같이 구멍을 여닫으며 소리를 냅니다. 대표적인 악기로는 플루트, 오보에, 클라리넷, 바순 등이 있습니다.

음악 책, 골든벨

• 준비물 : **음악 교과서** • 소요 시간 : **10분** • 대형 : **모둠** • 활동 형태 : **개인**

음악 책도 책이다

보통 음악 책은 다른 교과서에 비해 자세하게 볼 시간도 여유도 없습니다. 주당 2시간의 음악 시간에 노래 부르고 악기 연주하고 수행평가도 치르다 보면 금세 시수가 끝나버리기 때문입니다. 이번 활동은 음악 책을 놀이 형식으로 자세하게 들여다볼 수 있으며, 학기 초 음악 첫 시간에 활용하기 좋은 활동입니다.

준비

01 모두 음악 교과서를 책상 위에 올려놓는다.

02 선생님은 PPT를 준비한다.

■ 차차르트 블로그 blog.naver.com/fgfc12 참조

시작

01 PPT 화면에서 '책을 펼치세요!'라고 나오면 아무 곳이나 펼친다.

02 PPT에 제시된 문제를 확인한다.

<PPT 문제가 나온 모습>

예시 문제

☑ 2분음표가 있으면 한 단계 이동

☑ 4분쉼표가 있으면 한 단계 이동

☑ 가사에 동물이나 식물이 나오면 한 단계 이동

☑ 샵이 나오면 두 단계 이동

03 문제에 해당하는 쪽을 편 학생은 1루로 간다.

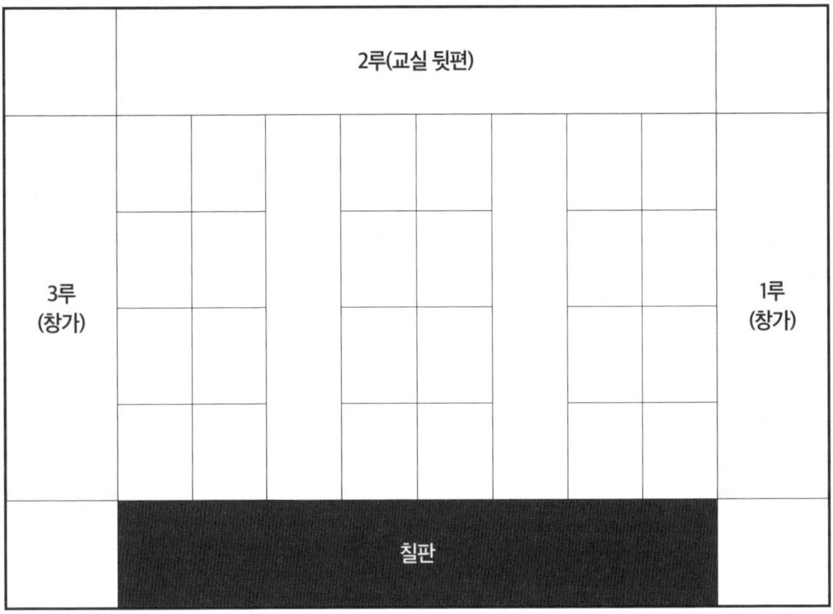

04 계속해서 교과서를 펼치며 문제를 확인하고 정답일 경우 한 단계씩 이동한다.

☞ 제자리에서 1루로, 1루에서 2루로, 2루에서 3루로 이동한다.

05 3루에서 정답이면 칠판의 자신의 모둠에 동그라미를 한 개 체크하고(1점) 제자리에 앉는다.

06 제자리에 앉으면 끝이 아니라 계속 문제를 풀며, 1루 → 2루 → 3루 → 동그라미 체크를 반복한다.

07 활동이 끝났을 때 동그라미가 가장 많은 모둠이 승리한다.

주의사항

① 음악 기호를 모르는 학생들을 위해 문제가 나오면 칠판에도 한 번 그려줍니다.

② 보너스 문제로 교과서의 노래를 부르면 혼자 한 단계 이동하게 합니다.

실제 수업 꿀팁

음악 수업의 기초 학습평가

이 활동을 통해 여러 가지 효과를 얻을 수 있습니다. 다양한 음악 기호를 문제로 제시하면 학생들이 교과서의 악보를 자세히 들여다보게 되며 몰랐던 음악 기호에 대해서도 배우게 됩니다. 또한 선생님 입장에서는 학생들의 음악 지식에 대한 수준을 어느 정도 파악할 수 있습니다.

종합 음악 선물 세트

PPT에 넣은 문제 이외에도 다양한 방식으로 진행할 수 있습니다.

예를 들어 해당 쪽의 노래를 부르면 한 단계를 이동하게 할 수도 있고, 그 친구가 부른 노래의 제목을 맞히면 역시 한 단계를 이동하게 할 수도 있습니다. 음악 이론은 물론이고 가창과 감상까지 한 번에 할 수 있는 종합 음악 선물 세트입니다.

CHAPTER 04

몸을 움직일 수 있는 놀이 (박자 & 신체 표현)

박자 탐정

• 준비물 : 없음 • 소요 시간 : 20분 • 대형 : 전체 • 활동 형태 : 개인

박자 탐정을 뽑아라

박수를 치며 박자 감각을 익힐 수 있는 활동입니다.

단순하게 박수를 치는 것이 아니라 도둑 잡기 형식이기 때문에 학생들이 즐겁게 참여할 수 있습니다.

준비

01 뽑기 프로그램으로 탐정을 한 명 정한다.

02 탐정은 교실 밖으로 잠시 나간다.

03 뽑기 프로그램으로 탐정 몰래 도둑을 한 명 정한다.

시작

01 노래가 시작되면 탐정은 다시 교실로 들어오고, 나머지 학생들은 박수를 치기 시작한다.

02 탐정은 교실을 천천히 돌아다닌다. 나머지 학생들은 탐정이 도둑에게 가까워질수록 박수를 점점 빠르게 치고, 멀어질수록 점점 느리게 친다.

03 탐정의 지목할 수 있는 기회는 단 1번이므로 신중히 도둑을 찾아낸다.

주의사항

① 가장 빠른 박자는 4/4박, 가장 느린 박자는 2/4박으로 정하고 미리 연습한 뒤 활동합니다.

② 한 번만 지목할 수 있기 때문에 신중하게 하며 가만히 서 있기보다 많이 돌아다니도록 지도합니다.

실제 수업 꿀팁

탐정왕을 뽑아라

탐정이 도둑을 잡는 시간을 타이머로 측정해서 가장 빠르고 정확하게 도둑을 잡는 학생을 칭찬해줍니다.

4/4박자 쎄쎄쎄

• 준비물 : **없음** • 소요 시간 : **10분** • 대형 : **전체** • 활동 형태 : **짝**

4/4박자 노래가 나올 때는

4/4박자 노래를 배울 때 언제든지 적용할 수 있는 '쎄쎄쎄' 방식입니다. 단순하게 쎄쎄쎄만 하는 게 아니라 가위바위보도 하며 놀이도 하기 때문에 학생들에게 인기 만점입니다. 쉬는 시간에도 끊임없이 노래를 부르며 쎄쎄쎄를 하기 때문에 자연스럽게 노래도 외우고 연습도 할 수 있습니다.

준비

01 4/4박자 노래를 준비한다. ('개구리와 올챙이'를 예로 설명)

02 학생들을 두 명씩 짝을 지어 일어서서 마주 보게 한다.

시작

01 첫 박에 자신의 손바닥 치기, 두 박에 친구 손바닥 치기, 세~네 박에 가위바위보를 한다.

02 다시 첫 박에 자신의 손바닥, 두 번째에 친구 손바닥을 친 뒤 세~네 박에는 아래와 같이 가위바위보 결과에 따라 행동한다.

- 가위바위보에서 이긴 학생은 손을 앞으로 휘두른다.
- 가위바위보에서 진 학생은 살짝 앉았다가 일어난다.
- 비겼을 경우는 제자리에서 한 바퀴 회전한다.

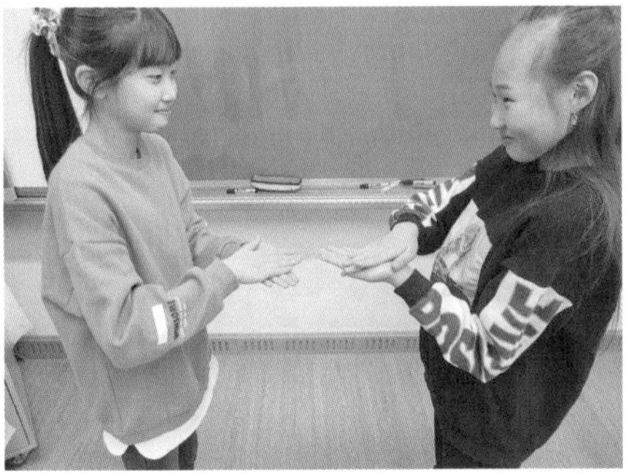

"개울"
첫 박에 자신의 손바닥 치기

"가"
두 박에 친구 손바닥 치기

"에~"
세~네 박에 가위바위보

"올챙"
첫 박에 내 손바닥 치기

"이"
두 박에 친구 손바닥 치기

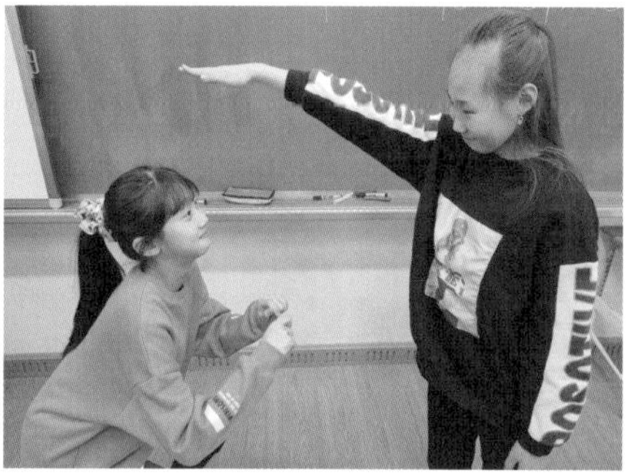

"한 마리~"
가위바위보 승패에 따라 이긴 학생은 손을 앞으로 휘두르고,
진 학생은 살짝 앉았다가 일어나며,
비기면 제자리에서 한 바퀴 돌기

03 '올챙이와 쎄쎄쎄' 노래를 0.75배속으로 하여 '01~02'를 반복한다.

04 어느 정도 적응하면 '올챙이와 쎄쎄쎄'를 제 속도대로 틀고 한다.

05 세 명씩 짝을 지어 해본다. 세 명이서 할 때도 승패에 따라 똑같이 행동하면 된다.

주의사항

① 이긴 학생이 장난으로 세게 팔을 휘두를 수 있기 때문에 거리를 두고 활동합니다.

② 처음에 어려워도 단순 반복이기 때문에 끝까지 할 수 있도록 지도합니다.

실제 수업 꿀팁

가사를 외워야 할 때

가사를 외울 필요성이 있을 때 '쎄쎄쎄'를 활용하면 매우 효과적입니다. '쎄쎄쎄' 자체가 매우 재미있기 때문에 억지로 가사를 외우라고 안 해도 쉬는 시간까지도 '쎄쎄쎄'를 하며 자연스럽게 외우게 됩니다. 학예회나 기타 발표회 때 유용한 방식입니다.

2/4, 3/4박자도 도전

같은 방식으로 다른 박자가 나오는 노래를 선정하여 학생들이 직접 '쎄쎄쎄'를 만들어보는 활동을 할 수 있습니다. 생각보다 어렵지 않으며, 박수를 치고 손뼉을 마주치며 다양하고 재미있는 '쎄쎄쎄' 만들기에 도전할 수 있습니다.

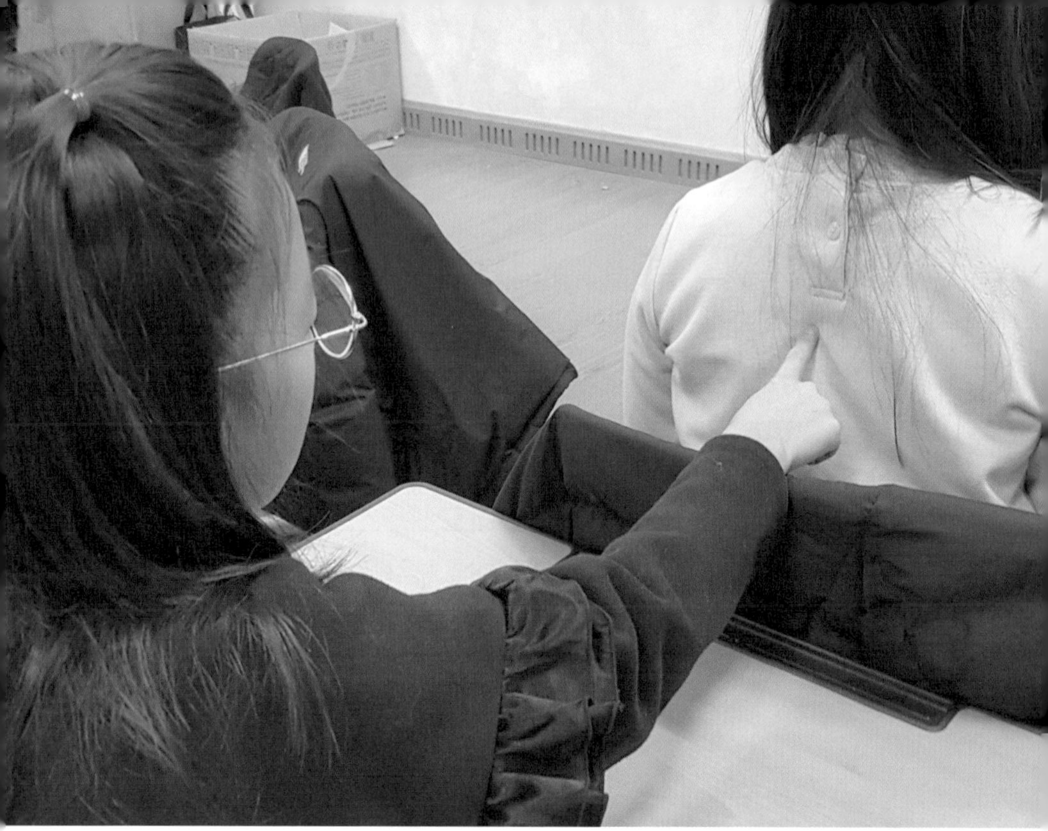

콕콕 음표 릴레이

• 준비물 : 없음 • 소요 시간 : 10분 • 대형 : 전체 • 활동 형태 : 모둠

음악 이론도 쉽게 놀이로

요즘 초등학생들은 피아노 학원을 다니지 않는 이상 음표도 제대로 모르는 경우가 많습니다. 주당 2시간밖에 없는 음악 수업 시간에 가창과 기악뿐 아니라 음악 이론까지 가르치는 것은 여간 힘든 일이 아닐 수 없습니다.

즐거운 기악과 가창 수업을 기대한 학생들도 이론 수업을 하면 실망을 하고 지루해 합니다. 하지만 놀이를 통해 음악 이론을 알려준다면 학생들의 반응도 달라지겠죠?

준비

01 각 음표의 박자를 설명하고 몇 차례 연습한다.

02 선생님은 뒤에 서서 리듬꼴을 한 개 그린다.

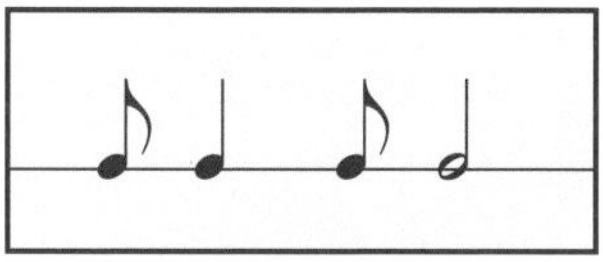

<리듬꼴 그려 놓기>

03 맨 뒷줄의 학생 모두 뒤에 있는 선생님 주위로 모인다.

04 선생님이 그린 리듬꼴을 확인하고 제자리로 돌아간다.

시작

01 시작하면 앞에 있는 학생의 등을 콕콕 찌르며 리듬꼴을 표현한다.
2분음표는 길게 콕 누르고, 4분음표는 보통으로 콕 누르고, 8분음표는 짧게 콕 누르는 식으로 각 음표의 박자를 표현한다.

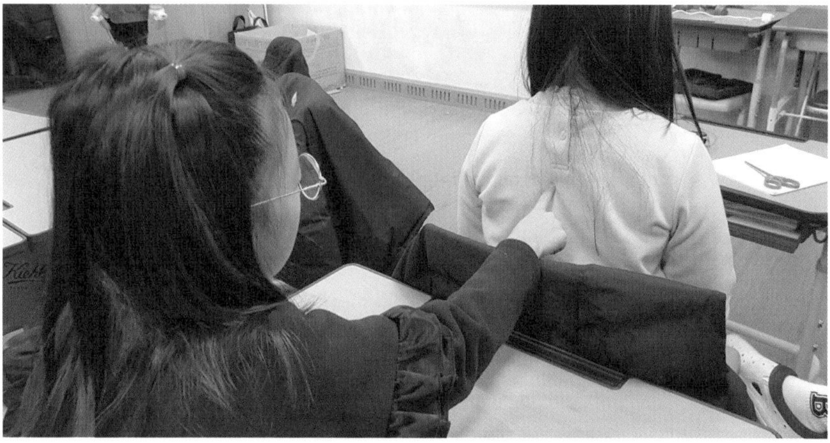

<손가락으로 앞 학생의 등을 누르며 박자를 표현하는 모습>

02 전달받은 학생은 앞 친구에게 다시 전달하는 식으로 가장 앞의 학생까지 전달한다.

03 맨 앞자리의 학생은 전달받은 음표를 종이에 그린다.

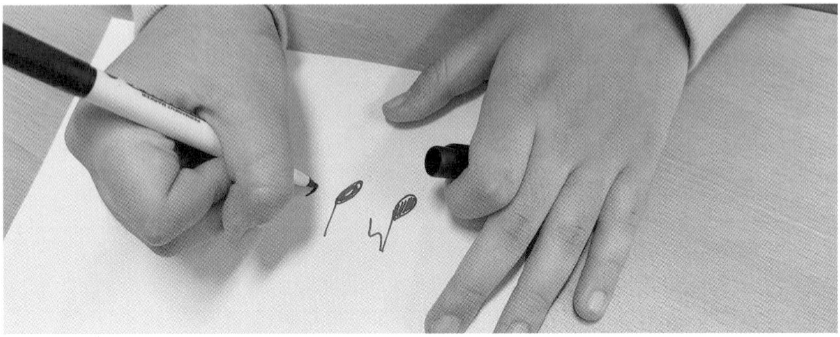

<전달받은 음표를 종이에 그리는 모습>

04 정답을 확인 후 맞힌 줄에 1점을 준다.

05 점수 체크가 끝나면 맨 앞의 학생이 맨 뒤로 가서 앉고 모두 한 칸씩 앞으로 이동하여 자리를 바꾼다.

06 맨 뒤의 학생이 선생님이 적은 문제를 확인하고 다시 시작한다.

주의사항

① 잘 모르는 학생들을 위해 칠판에 각 음표의 박자를 적어둡니다.

② 제재곡에 자주 나온 리듬꼴을 활용합니다.

실제 수업 꿀팁

몸으로 습득하는 지식

머릿속으로 박자를 차근차근 세며 손가락으로 눌러보는 활동을 통해 각 음표의 박자 길이는 물론 리듬에 대한 감각도 익힐 수 있습니다.

처음 2~3판은 틀리지만 점점 정답에 근접하면서 하나가 되는 느낌도 경험할 수 있는 활동입니다.

따라쟁이

• 준비물 : **없음** • 소요 시간 : **10분** • 대형 : **모둠별 또는 일제식** • 활동 형태 : **전체 또는 모둠**

신체 표현으로 재미있게 몸을 풀어보자

학생 아이스 브레이킹에 가장 좋은 방법은 무엇일까요? 바로 몸을 움직이는 것입니다. 물론 학생들은 움직이는 것을 좋아하지만 억지로 움직이게 하면 수줍어 합니다. 놀이를 통해 친구들의 몸동작을 따라 하며 자연스럽게 몸을 풀다 보면 수업 적응력, 친밀감과 흥미까지 높아집니다.

준비

01 학생들에게 4박자 박자치기를 알려준다.

02 먼저 선생님이 4번의 동일한 동작을 보여주면 학생들은 따라 한다.
(예 : 손뼉 4번 치기, 어깨 4번 치기, 허벅지 4번 치기 등)

03 어느 정도 익숙해지면 놀이를 시작한다.

시작

01 선생님의 4번의 동작을 보고 학생들이 따라 할 때 선생님은 연속으로 다음 동작으로 넘어간다.

02 학생들은 선생님의 다음 동작을 기억했다가 그대로 따라 한다.

03 선생님은 항상 학생의 다음 행동을 알려주는 역할을 한다.

순서	1	2	3	4	5
선생님의 행동	손뼉 4번	무릎 4번	어깨 4번	머리 4번	끝
학생의 행동	준비	손뼉 4번	무릎 4번	어깨 4번	머리 4번

<놀이의 순서 및 선생님과 학생의 행동>

04 학생들이 잘 따라 하면 학생 대표에게 지휘자 역할을 맡긴다.

05 어느 정도 숙달되면 모둠 놀이로 넘어간다.

06 모둠에서 대표를 정해 선생님 역할을 맡긴다.

주의사항

① 처음에는 4박자로 시작하는 것이 좋습니다. 대부분 놀이는 4박자로 되어 있어 학생들이 잘 이해합니다. 어느 정도 숙달되면 3박자, 2박자, 6박자로 넘어갑니다.

② 박자치기를 할 때 같은 동작을 4번 반복하는 이유는 가장 따라 하기 쉽기 때문입니다. 동작을 너무 많이 바꾸면 학생들이 힘들어 합니다.
놀이의 재미를 위해서는 빠르기를 조금씩 높이는 방법이 있습니다. 생각보다 학생들이 잘 따라 하므로 난이도를 조절하는 것이 필요합니다.

실제 수업 꿀팁

음악 시간에 준비 운동이 필요한 이유

'음악 시간' 하면 떠오르는 풍경이 악기 연주나 노래 부르기지만 저는 신체 표현을 중요하게 생각합니다. 예술 교과는 몸으로 익혀야 오래 기억에 남고 습득이 빨라집니다.
그런데 갑자기 신체 표현을 시키면 긴장하거나 부끄러움을 많이 느낄 수 있습니다. 그래서 다 함께 몸을 움직이는 준비체조와 같은 활동을 먼저 합니다. 제가 위에서 소개한 '따라쟁이' 활동이 바로 그것입니다. 이 활동을 하면 학생들의 긴장이 풀리고 표정이 한결 밝아진 것을 느낄 수 있습니다.

박자와 셈여림 그리고 빠르기의 연계

2015 개정 교육과정에는 음악 개념 요소표가 나와 있습니다. 박자와 셈여림, 빠르기가 나와 있는데 이 세 가지는 서로 연관이 있습니다. 3가지를 같이 배우는 것도 좋은 방법입니다.
'따라쟁이' 활동을 느리게 시작했다가 점점 빠르게 활동할 수 있고, 작은 동작에서 큰 동작으로 조금씩 바꾸면서 셈여림의 변화를 알려줄 수 있습니다.

무궁화 박자가 피었습니다

• 준비물 : 음악 교과서, 악보 • 소요 시간 : 20분 • 대형 : 모둠별 • 활동 형태 : 모둠

'무궁화 꽃이 피었습니다'를 음악 시간에?

일정하게 박자를 맞추는 것이 생각보다 쉽지 않습니다. 일정한 박을 연주하는 것은 의도적인 노력이 필요합니다.

이 놀이를 통해 박자 감각과 집중력을 키울 수 있습니다. 시시하다고 생각하면 큰코다칩니다.

준비

01 "무궁화 꽃이 피었습니다."를 여러 번 반복해 말하도록 지도한다.

02 글귀가 익숙해지면 모둠별로 한 학생이 한 글자씩 말하도록 시킨다. 이때 일정한 박, 즉 글자와 글자 사이 시간 간격이 일정하도록 말하게 한다.

03 익숙해지면 첫 번째 글자 "무!"를 말할 때 박수를 치게 한다.

시작

01 모둠별로 놀이를 시작한다. '무·궁·화·꽃·이·피·었·습·니·다'를 한 글자씩 말한다. 이때 일정한 박자로 글자를 말해야 하며 늦게 말하면 점수 1점을 얻는다.

02 일정 시간 동안 진행해서 점수가 0점에 가까운 학생이 승리한다.

03 모둠끼리 숙달이 되면 모둠별 놀이를 진행한다. 모둠별 놀이 자리 배치는 다음과 같다.

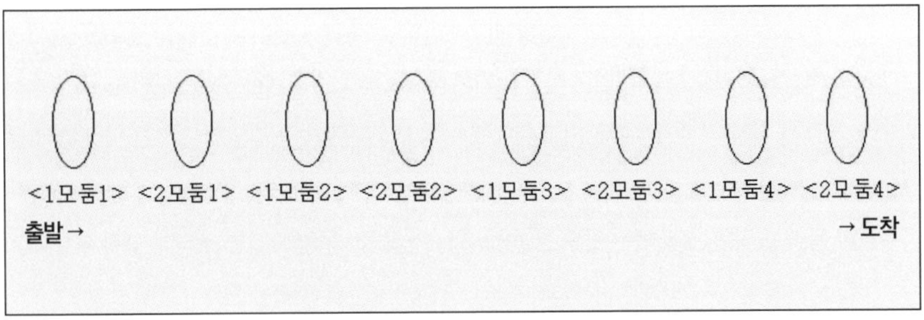

<1모둠이 4명일 경우 1·2모둠 대결 구도>

04 1모둠 1번 학생부터 한 글자씩 말한다. 그리고 한 명씩 순서대로 말한다.

05 만약 박자에 맞지 않았거나 글자가 틀렸을 경우 점수를 얻게 되고, 일정 라운드 동안 점수를 많이 얻은 모둠이 지게 된다.

06 놀이에 익숙해졌거나 고학년인 경우 첫 글자에 박수를 넣거나 글자 대신 박수만 치는 방식으로 놀이 난이도를 조절한다.

주의사항

① 학생 수준별로 난이도를 조절할 수 있습니다. 쉬운 난이도를 설정하려면 글자를 천천히 말하게 하고 다른 변수를 주지 않아야 합니다.
한 글자씩 말하고 움직이는 것은 처음에 하지 않아도 됩니다. 기본적인 규칙으로 충분히 연습을 한 후 조금씩 난이도를 높이는 것이 좋습니다.

② 박자에 맞춰 말하게 하는 것은 두 가지 의미가 있습니다. 늦게 말해도 안 되지만 너무 빠르게 말하는 것도 안 됩니다.
선생님이 처음에는 일정한 박을 알려줄 수 있도록 메트로놈을 틀어주거나 박수를 쳐주는 등 일정 박을 연습하게 하는 것도 좋은 방법입니다.

실제 수업 꿀팁

노래 부르기 또는 악기를 연주할수록 박자가 빨라질 때

경쾌한 분위기의 노래나 빠른 곡을 연주할 때 보면 박자가 점점 빨라지는 경우가 많습니다. 특히 학생들의 경우 이런 현상이 심합니다. 저도 학생들에게 음악을 가르칠 때 많이 느꼈는데요. 학생들에게 내재되어 있는 박자가 기본적으로 빠르고 경쾌한 것을 선호하는 것 같습니다. 그래서 저는 기본박자를 많이 훈련시켰습니다. 정확한 박자에 맞춰 손뼉 치기나 컵타 등을 활용했습니다.
또한 음악 소리를 크게 하는 것도 방법입니다. 학생들이 음악이 크면 소리에 맞춰 부릅니다. 만약 중간에 빨라지게 되면 선생님이 박수나 리듬스틱으로 정박을 쳐주는 것도 방법입니다.

난이도를 어떻게 조절해야 할까요?

학년과 목적, 시기에 따라 놀이의 난이도를 조절해야 합니다. 적당한 난이도는 매우 중요하지만 그것을 맞추기가 쉬운 일은 아닙니다.
난이도는 학생들이 따라 하기 쉬운 단계에서 시작하는 것이 좋습니다. 놀이의 목적은 승자를 뽑는 것이 아니라 놀이에 몰입하여 자연스럽게 학습이 되게 하는 것입니다. 한마디로, 대부분의 학생이 이 놀이에 참여해야 합니다. 그렇다면 학생들이 '이 놀이는 해볼만한데…' 라는 생각이 들게 해야 합니다.

학생들은 쉬운 놀이에 즐겁게 참여합니다. 그리고 그 놀이에 익숙해졌을 때 난이도를 조금씩 올립니다. 1~2가지의 규칙을 더 추가하고 응용하는 것입니다.

이렇게 놀이에 익숙해지면 학기 초부터 다듬어진 학생들의 실력을 바탕으로 학년 말에는 놀이를 스스로 응용하고 창조할 수 있도록 격려해 주세요. 제가 생각하는 최고의 난이도이자 효과적인 학습입니다.

여긴 내 자리

• 준비물 : **없음** • 소요 시간 : **20분** • 대형 : **일제식** • 활동 형태 : **전체**

몸을 움직이며 박자를 익히는 초간단 꿀잼수업

2박자, 3박자, 4박자, 6박자를 '여긴 내 자리' 놀이로 익힐 수 있습니다. 여러 가지 변형(빠르기 와 신체 표현 조절)이 가능한 놀이입니다.

준비

01 모든 학생이 일어나서 의자를 넣은 상태로 책상 주변에 선다.

02 서 있는 상태에서 2박, 3박, 4박, 6박을 신체로 표현한다. 방법으로 첫 박자에 책

상을 치게 하고 나머지 박자는 손뼉을 치게 한다. 4/4박자의 경우 '책상, 손뼉, 손뼉, 손뼉'와 같이 이렇게 4번 움직이면 된다.

03 책상을 치고 손뼉을 칠 때는 돌아다닐 수 있다. 자신이 한 번 쳤던 책상은 바로 다음번에 칠 수 없다.

시작

01 배운 노래를 들려주면 학생들은 그 노래의 박자에 맞춰 돌아다니기 시작한다. '시작!' 신호에 첫 번째 박자에 학생들은 책상을 치기 시작한다.

☞ 4박자로 시작하는 것이 무난함

02 '그만!' 신호에 학생들은 멈춰야 한다. 이때 책상을 동시에 친 학생이 있다면 탈락하게 된다. 탈락한 학생들은 자리에 앉는다.

03 탈락한 학생들은 자리에서 계속 연주를 하고 다른 학생들이 틀렸는지 관찰한다. 또한 잘하는 학생은 선생님의 역할을 시킬 수도 있다.

04 4박자가 어느 정도 익숙하면 3/4박자, 2/4박자, 6/8박자 순으로 이동한다.

주의사항

① 책상이 학생들의 움직임을 방해한다면 다른 형태로 놀이가 가능합니다. 먼저 책상을 교실의 끝으로 밀고 중간에 공간을 만듭니다. 그리고 마커(바닥에 깔아 놓는 표시)를 학생 수만큼 깔고 진행합니다.

② 신체 표현을 자유롭게 바꾸어도 좋습니다. 손뼉 치기 대신 '발구르기', '어깨 치기', '윙크하기' 등 다양한 신체 동작을 사용할 수 있습니다.

실제 수업 꿀팁

박자의 변형

우리가 듣는 곡들의 상당수가 4/4박자입니다. 리듬꼴을 만들 때 4/4박자로 마디를 채우는 것이 가장 무난하지만 어느 정도 숙달이 되면 3/4박자, 2/4박자 6/8박자도 만들 수 있습니다. 박자의 변화에 따라 분위기도 달라질 수 있기 때문에 다양한 곡의 리듬꼴 만들기 학습을 권장합니다.

놀이를 구경하는 학생 최소화하기

놀이를 하다 보면 성공하거나 탈락하는 경우가 생깁니다. 탈락한 학생들을 위한 선생님의 배려가 필요합니다. 만약 이 학생들에게 아무런 역할을 주지 않는다면 긴장감이 떨어져서 산만해질 수 있습니다. 탈락한 학생에게도 심판의 역할을 맡기거나 쉬운 미션을 주어 성공하면 다시 놀이에 참여하게 하는 방법을 사용합니다.

탈락의 상황을 아예 없애고 자신의 미션에 성공했을 때 점수를 획득하는 방법으로 놀이를 진행하는 것도 좋은 방법입니다. 제가 고안한 음악 놀이의 목표는 순위를 가리는 것이 아닌 모두가 즐겁게 참여하는 것입니다.

셈여림 우노

• 준비물 : A4 용지 • 소요 시간 : 10분 • 대형 : 전체 • 활동 형태 : 개인

셈여림을 이렇게 쉽게

학생들이 셈여림 기호를 처음 배울 때 활용할 수 있는 놀이입니다.

pp(피아니시모)나 ff(포르테시모) 등 영어 기호가 생소하지만 이 놀이를 몇 번 하면 '아주 여리게'부터 '아주 세게'까지 순차적으로 학습할 수 있습니다. 또한 카드 게임의 약간의 운 요소가 가미되어 시간 가는 줄 모르고 놀이에 집중하게 됩니다.

준비

01 학생 4명당 A4 용지 한 장을 나눠 준다.

02 A4 용지를 3번 접어 8칸을 만든다.

03 칸에 셈여림 기호 6가지(pp, p, mp, mf, f, ff)와 무지개 1개를 그린다.

☞ 7칸을 사용하고 1칸은 나중에 사용하기 위해 따로 보관한다.

pp 피아니시모 1	p 피아노 2	mp 메조피아노 3	mf 메조포르테 4
f 포르테 5	ff 포르테시모 6	무지개	특수카드 (고학년용)

<6개의 셈여림과 무지개>

04 모둠별로 잘 섞고 각각 6장씩 가져간 후 가위바위보 대결로 첫 번째 학생을 정한다.

시작

01 남은 카드를 뽑는 더미를 만들고, 가장 위에 있는 카드를 오픈해 버리는 더미를 만든다.

☞ 원카드나 우노 할 때와 동일

02 자신의 차례에서 할 수 있는 행동에는 카드 1장 내기와 1장 뽑기가 있다.

03 카드 1장을 내려놓으려면 현재 버려진 더미의 가장 위에 있는 카드와 같거나 1 셈여림이 큰 카드를 내야 한다.

☞ pp가 있으면 pp를 내거나 p를 내야 한다.

04 가장 높은 카드 ff 다음에는 무지개 카드를 놓을 수 있고, 무지개 카드 다음은 다시 처음으로 돌아와 pp 카드를 내야 한다. 이때 무지개 카드를 내면서 "무지개!"

라고 외치고 모두 일어나야 한다. 마지막에 일어난 학생은 카드 더미에서 카드를 1장 가져간다.

05 카드를 낼 수 없거나 내기 싫으면 카드 1장을 더미에서 뽑는다.

06 손에 든 카드를 전부 내려놓으면 승리하게 된다.

07 손에 남은 카드 수가 많은 학생이 지게 된다.

주의사항

① 고학년의 경우 특수 카드를 모둠원끼리 협의해서 만들 수 있습니다.
(예 : 점프, 카드 먹이기, 방어 등)

② 이 놀이는 '우노'라는 놀이와 거의 같고, '원카드'라는 카드 게임과도 비슷합니다. 학생들에게 먼저 이 놀이를 알고 있는지 물은 후 설명하면 이해하기 쉽습니다.

③ 카드를 낼 때는 항상 그 카드 이름을 말해야 합니다. 포르테, 피아노 등 직접 말하게 함으로써 학습이 되고 순서도 정확히 알 수 있습니다.

실제 수업 꿀팁

놀이의 여지 남기기

'셈여림 우노'는 우리가 잘 알고 있는 '우노' 놀이의 형태입니다. 전 세계 사람들에게 사랑받는 우노 놀이의 비결은 불확실성에 있습니다. 자신이 뽑은 카드는 자신에게 도움이 될 수도 안 될 수도 있습니다.

음악 놀이에서 즐거움을 주기 위해서는 약간의 운의 요소가 필요한데 이를 학생들이 정할 수도 있습니다. 이 놀이에서는 차례를 건너뛰거나 순서를 바꾸는 등의 특수 카드를 사용했는데, 학생들이 특수 카드를 직접 제작하게 하는 것도 좋은 방법입니다. 모든 활동은 학생이 주도적으로 참여할 때 학습 효과 및 몰입감이 높아집니다.

셈여림 디제이(DJ)

• 준비물 : **없음** • 소요 시간 : **20분** • 대형 : **일제식** • 활동 형태 : **전체**

볼륨 조절로 친구에게 힌트를 주자

셈여림은 음악에서 아주 중요합니다. 세계의 일류 연주자들은 모두 셈여림 표현이 아주 세부적입니다. 일반 사람이 1에서 10까지 자연수로 표현한다면 유명 연주자들은 1과 10의 표현을 소수점으로 나눌 수도 있습니다.

이 놀이를 통해 셈여림의 기본 개념을 익히고 직접 셈여림이 되어봅시다.

준비

01 먼저 셈여림 기호를 배운다.

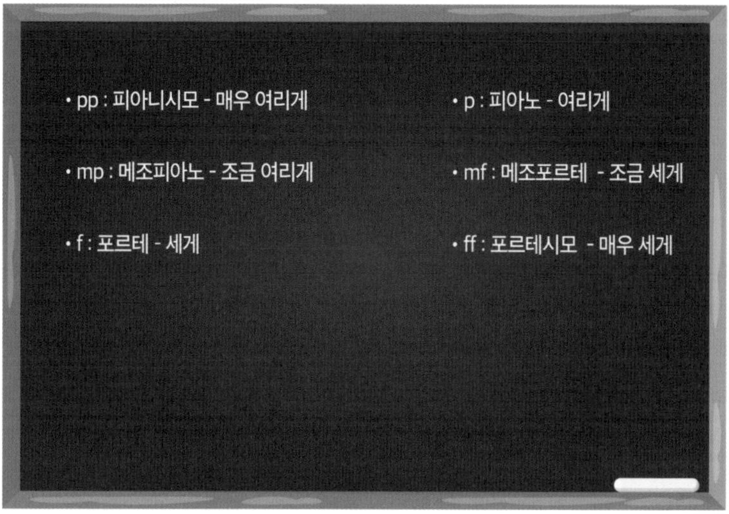

02 셈여림 기호에 맞춰 노래 부르기 활동을 한다.

☞ 노래를 총 6단계로 나누어 매우 여리게 시작했다가 점점 크게 노래를 불러보며 감각을 익힌다.

03 술래 한 사람을 뽑아서 교실 밖에서 대기하게 한다.

04 셈여림 기호를 놓을 장소를 미리 약속한다. (예 : 교실 앞, 창문, 교실 뒷문 등)

시작

01 술래가 나가 있을 때 셈여림 기호를 약속한다.

(예 : 앞 - 포르테, 왼쪽 - 피아노, 뒤 - 메조포르테 등)

02 술래가 들어오면 노래를 부르기 시작한다. 술래의 위치에 따라 학생들은 크게 부를 수도 있고 작게 부를 수도 있다.

03 노래가 끝나면 술래는 음악 기호를 맞힌다.

04 정답을 맞혔다면 새로운 술래를 뽑아 다음 라운드를 진행한다.

주의사항

① 처음에는 3단계 정도로 하는 것이 좋습니다. (예 : pp → mf → ff)

② 4단계쯤에 가면 mp나 mf가 등장하는데, 노래를 부르는 학생들이나 술래는 미묘한 차이를 알아야 합니다. 술래는 이곳저곳을 여러 번 다니게 해야 하고, 헷갈리는 곳 두 군데 정도를 반복해서 다니게 할 수도 있습니다.

실제 수업 꿀팁

셈여림의 중요성

셈여림은 매우 중요합니다. 왜냐하면 셈여림은 사람의 감정을 표현할 수 있는 강력한 도구이기 때문입니다.

사람과 사람이 만났을 때 비언어적 대화로 그 사람을 판단한다는 이야기를 들어봤나요? 음악에서도 셈여림을 통해 감정을 표현합니다. f(포르테)를 사용하여 강렬하고 열정적인 표현이 가능하며, pp(피아니시모)를 사용하여 속삭이듯이 자신의 감정을 드러낼 수 있습니다. 이는 노래 부르기와 악기 연주하기 모두에 적용됩니다.

학생들은 노래와 악기 연주에서 셈여림을 달리하여 표현하는 연습을 많이 해야 합니다. 셈여림이 없는 음악은 마치 로봇이 사랑 고백을 하는 것과 같습니다. 학생들이 셈여림에 유의하며 표현하도록 지도하세요.

술래 선정 TIP

술래를 뽑을 때 가장 좋은 방법은 자원하는 학생이 있고 차례대로 돌아가며 술래를 하는 것입니다. 하지만 술래를 하고 싶은 학생이 너무 많은 경우 선정 기준을 정해야 합니다. 미리 뽑기 프로그램을 다운받아 컴퓨터로 돌리는 것이 가장 쉬운 방법입니다. 선생님이 임의로 뽑는 것이 아니어서 학생들의 불만이 줄어듭니다. 중요한 것은 미리 선정 기준을 알려주는 것입니다. 그리고 선정 기준을 정했다면 그 방법을 일관성 있게 지켜야 합니다.

다른 방법은 모둠별로 순서를 정해놓는 것입니다. 그날의 순서를 학생들이 알고 있다면 선정하는 데 보내는 시간을 줄일 수 있습니다. 놀이의 몰입을 위해 미리 정하는 것도 좋은 방법입니다.

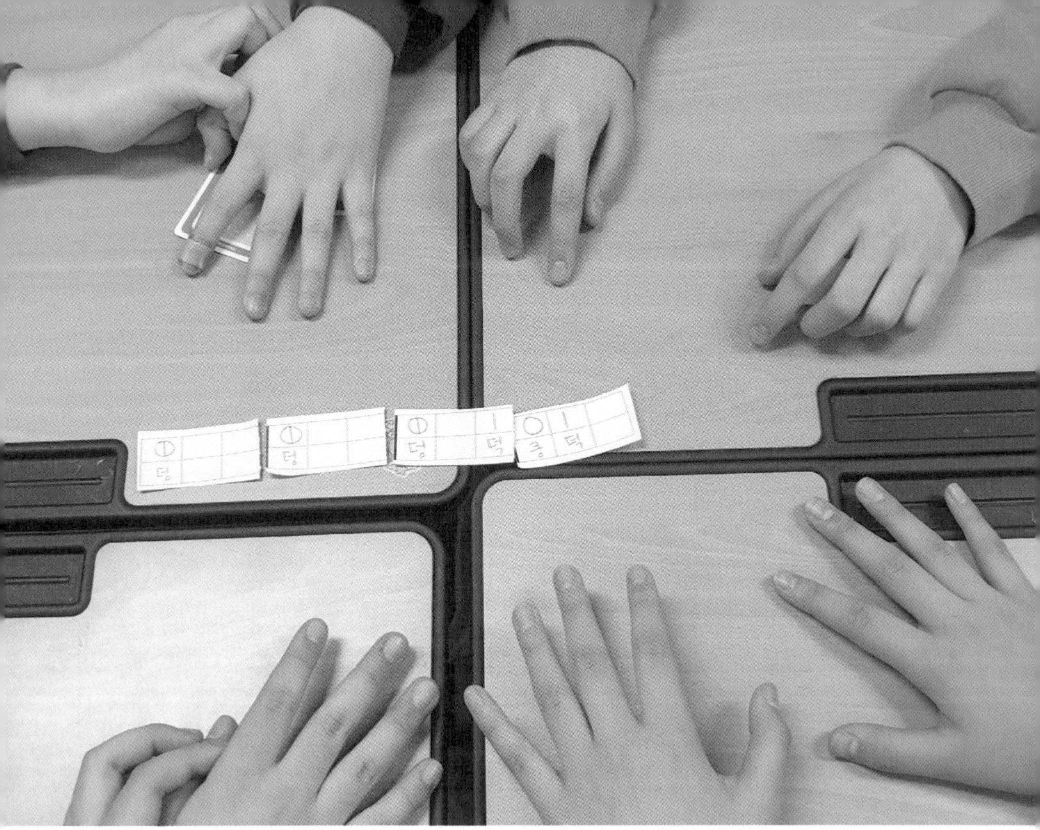

장단 만들기

• 준비물 : A4 용지　• 소요 시간 : 20분　• 대형 : 모둠별　• 활동 형태 : 모둠

장단이 다 비슷하게 느껴지나요?

국악의 장단에는 기본박과 변형박이 있습니다. 기본박을 먼저 정확히 배우는 것이 중요합니다.

'굿거리, 자진모리, 중중모리' 장단 등 대부분 3소박 4박으로 되어 있어서 카드 게임으로 개념을 익힐 수 있습니다.

준비

01 먼저 국악의 장단을 배운다.

02 정간보를 그리는 방법에 대해 설명한다.

■ 차차르트 블로그 blog.naver.com/fgfc12 참조

03 A4 용지를 모둠별로 나눠 준다. 1장의 종이에 가로줄로 4줄이 나오며, 1줄씩 나눠 준다.

<학생 1줄 종이>

04 3소박 4박에 맞게 장단을 하나씩 그린다.

☞ 칸 위에는 구음을, 아래에는 한글로 쓴다.

05 카드를 잘 섞고 한 더미로 모은다.

시작

01 카드 더미에서 카드를 4장씩 가져간다. 나머지는 책상에 펼쳐 놓는다.

02 자신의 카드 1장을 내려놓고 카드 더미에서 1장을 가져온다. 선생님은 "바꿔!"라고 신호를 주고 학생들은 그 사이 카드를 바꾼다.

03 자신의 카드는 항상 4장이어야 하며, 이때 자신의 카드가 장단을 완성하면 "빙고!"라고 외친다.

04 "빙고!"라고 외친 학생은 자신의 카드가 어떤 장단인지 말한다.

06 익숙해지면 학생들끼리 스스로 카드를 섞고 놀이를 진행하게 한다.

주의사항

① 장단이 헷갈릴 수 있으므로 선생님이 칠판이나 컴퓨터 화면으로 장단을 보여줘야 합니다. 그리고 놀이를 하기 전 장단을 구음으로 여러 번 소리 내도록 하며, 학생들이 직접 장단을 종이에 쓰게 함으로써 장단을 머리와 몸으로 모두 익힐 수 있도록 지도합니다.

② 세마치 장단은 3소박 3박입니다. 다른 장단은 12칸(3소박 4박)을 모두 사용하지만 세마치 장단의 경우 9칸만 사용한다는 점도 알려주세요. 마지막 3칸에는 '세마치'라고 쓰면 됩니다.

실제 수업 꿀팁

정간보를 활용하자

정간보는 서양 음악에서의 오선지와 같습니다. 역사가 오래된 원래 정간보는 위에서 아래로, 오른쪽에서 왼쪽으로 읽어야 하는데, 요즘에는 오선지처럼 위에서 아래로, 왼쪽에서 오른쪽으로 읽게 되어 있습니다. 정간보의 장점은 직관적이라는 것입니다. 특히 장단을 넣을 때 눈으로 보면서 연주하기 수월합니다. 또한 장단 표시는 동그라미와 작대기를 사용하여 학생들이 한 번 익히면 연주하기와 악보 그리기를 쉽게 할 수 있습니다.

정간보는 보통 3소박 4박으로 되어 있습니다. 소박은 1박을 쪼갠 것으로, 3소박은 1박을 3개로 쪼갠 것입니다. 1박이 끝날 때에는 진한 선으로 긋습니다.

⦶			⦶			⦶		|	○	|	
덩			덩			덩		덕	쿵	덕	

<자진모리 장단을 정간보로 표기>

박자 감염

• 준비물 : **없음** • 소요 시간 : **10~20분** • 대형 : **전체** • 활동 형태 : **개인 + 모둠**

끊임없이 박자 감각을 익힐 수 있는 놀이

놀이하면서 자연스럽게 박자 감각도 익히고 지휘법도 배울 수 있는 활동이 있습니다. 각자 하나의 박자를 맡아 지휘하며 돌아다니고 다른 모둠을 만나면 가위바위보 대결을 합니다.

만약 졌다면 상대 모둠의 지휘를 배우게 됩니다. 선생님의 개입 없이 끊임없이 활동하며, 결국 모두가 하나의 지휘를 하게 되는 명장면이 연출됩니다. 승자도 패자도 없는 신나는 음악 놀이! 지금부터 그 비법을 소개합니다.

준비

01 2박자, 3박자, 4박자, 6박자 각각의 지휘법을 배우고 연습한다.

02 모둠을 4개로 구성한다.

03 각 모둠마다 하나의 박자를 맡아 5분간 지휘법을 연습한다. 예를 들어 2박자를 맡은 모둠은 2박자 지휘법을, 3박자를 맡은 모둠은 3박자 지휘법을 연습한다.

04 모든 모둠의 연습이 끝나면 한 모둠씩 일어나 지휘법을 발표한다.

시작

01 활동이 시작되면 모두 자리에서 일어나 돌아다니며 각자가 맡은 지휘를 하면서 박자를 입으로 센다. 예를 들어 4박자를 맡은 모둠의 학생들은 4박자 지휘를 하며 '하나, 둘, 셋, 넷!'과 같이 박자를 세며 돌아다닌다.

02 다른 박자를 맡은 친구를 만나면 가위바위보를 한다.

<다른 박자를 맡은 친구와 만나 가위바위보를 하는 모습>

03 가위바위보에서 진 학생은 이긴 학생의 모둠에 속하게 되며, 이때부터 이긴 학생 모둠에 해당하는 박자 지휘를 하며 돌아다닌다.
예를 들어 2박자와 3박자가 가위바위보 대결을 하여 3박자가 이기면 2박자를

맡았던 학생은 이후 3박자 지휘를 하며 돌아다닌다.

<가위바위보에서 진 학생이 이긴 학생의 지휘를 따라 하는 모습>

04 가위바위보에서 이긴 학생은 계속 같은 박자를 지휘하며 다른 박자를 지휘하는 학생을 만난다.

05 위와 같은 방식으로 진행을 하다 보면 어느 순간 모든 학생이 같은 박자를 지휘하게 되며 이때 놀이가 끝이 난다.

주의사항

① 친구를 보자마자 가위바위보를 하는 것보다 서로가 맡은 박자의 지휘를 한 번씩 보여준 뒤 다른 모둠임을 확인하고 가위바위보를 하는 것이 더욱 학습 효과가 있습니다.

② 모든 학생이 한 박자로 통일되기까지 시간이 오래 걸릴 것 같으면 일정 시간이 지난 뒤 가장 많은 인원을 가진 모둠이 승리하는 것으로 규칙을 공지할 수 있습니다.

③ 지휘를 하지 않고 말로 박자를 서로 알려주는 경우가 있기 때문에 말 없이 침묵의 놀이로 진행해도 좋습니다.

실제 수업 꿀팁

박자 지휘가 재미있어지는 활동

친구들과 서로 맞은 박자를 지휘하고 배우며 즐거움을 느낄 수 있습니다. 박자 감각이 부족한 학생은 다른 학생의 지휘를 보며 배우게 됩니다.

가위바위보에서 이기고 지고를 반복하면서 짧은 시간에 4가지 박자 감각을 모두 익히게 되고, 지휘법도 어느 정도 익숙해지게 되는 활동입니다.

Chapter 05

창의력을 키울 수 있는 놀이 (창작 & 감상)

노래 받아 그리기

• 준비물 : **A4 용지, 연필** • 소요 시간 : **10분** • 대형 : **전체** • 활동 형태 : **전체**

노래를 받아쓴다?

노래를 배울 때 단순히 듣고 따라 하는 것이 아니라 가사를 음미하고 가사에 담긴 의미를 생각해볼 수 있는 활동입니다.

가사를 직접 읽으면서 생각하는 것이 아니라 노래를 듣고 그림으로 표현하며 흥미와 감상 모두 잡을 수 있는 활동입니다.

준비

01 배우지 않은 노래를 한 곡 선정한다.

02 각자 A4 용지와 연필을 준비한다.

시작

01 선생님이 노래를 들려주면 학생들은 그 가사를 듣고 그림으로 그린다.

02 가사에서 나오는 단어들을 그림으로 표현하고 단순히 나열하면 된다. 예를 들어 '산 위에서 부는 바람'이면 산을 그리고 그 위에 바람을 그림으로 표현하면 된다.

03 총 2번 감상을 하며 그림을 완성한다.

04 선생님은 가사를 읽어주며 가사에 나온 단어 1개당 1점으로 채점하게 한다.

05 높은 점수를 받은 학생들을 칭찬한다.

06 몰랐던 단어에 대해 설명하고 가사의 의미를 다시 한 번 생각해보게 한다.

주의사항

① 노래가 나올 때는 듣기평가를 하듯 조용히 감상하게 합니다.

② 가사에 나오는 단어는 아니지만 그 분위기를 그림으로 표현해도 됩니다.

실제 수업 꿀팁

감상의 끝판왕

교과서 없이 오직 귀로만 노래를 감상해야 하며, 노래에 나오는 단어를 최대한 많이 그림으로 그려야 하기 때문에 노래와 가사에 집중할 수밖에 없습니다. 또한 모르는 단어가 가사로 나왔을 때 그림으로 그려야 하기 때문에 자연스럽게 호기심이 생기고 가사의 의미를 찾게 됩니다.

히든 싱어

• 준비물 : **없음** • 소요 시간 : **20분** • 대형 : **모둠별** • 활동 형태 : **모둠**

기악, 가창은 물론 감상까지

초등학생들은 학년이 올라갈수록 목소리 크기가 점점 줄어듭니다. 발표뿐만 아니라 음악 시간만 되면 기어들어가는 목소리로 겨우겨우 노래를 부릅니다.

선생님은 이것저것 다양한 방법으로 노력해보지만 한번 내려간 목소리를 다시 올리는 것은 쉬운 일이 아닙니다. '히든 싱어'는 음악과 놀이를 융합하여 부끄럽지 않고 신나게 노래를 부를 수 있는 활동입니다.

준비

01 뽑기 프로그램으로 술래 모둠을 정한다.

02 술래 모둠은 교실 밖으로 나가 '히든 싱어'를 한 명 정한다. 이때 복도에서 말하면 들리기 때문에 조용히 말하거나 "하나, 둘, 셋!"에 한 명을 지목하여 과반수로 '히든 싱어'를 선정한다.

시작

01 술래 모둠은 교실에 들어와 칠판을 보고 선다. 이때 음악 교과서를 들고 있는다.

02 선생님이 반주를 들려주면 술래 모둠은 노래를 부른다. 단, 선정된 '히든 싱어'는 노래를 부르지 않는다.

03 나머지 모둠은 '히든 싱어'를 추측하며, 노래를 끝까지 감상한다.

04 노래가 끝나면 보드판에 '히든 싱어'의 이름을 적는다.

05 정답 공개 후 추측에 성공한 모둠은 1점을 획득한다.

06 그다음 술래 모둠이 교실 밖으로 나가서 위와 같이 진행한다.

주의사항

① 술래 모둠의 노래를 가까이서 들을수록 유리하기 때문에 노래를 부르는 위치를 각각 다르게 합니다.
(예 : 1모둠은 창가 쪽, 2모둠은 칠판 앞, 3모둠은 복도 및 창가 쪽)

실제 수업 꿀팁

복면 히든 싱어

미술 시간에 '가면 만들기'를 한 뒤 히든 싱어에 활용합니다. 이때에는 뒤돌아서지 않고 앞을 보고 노래합니다. 따라서 가면의 입 부분은 뚫지 않습니다.

우스꽝스러운 가면을 쓴 친구들이 노래를 부르는 모습에 웃음이 절로 나오며 더 실감나게 히든 싱어를 즐길 수 있습니다.

숨은 연주가

뒤돌아 노래 부르는 대신 앞을 보고 리코더 등의 악기를 연주합니다. 이때 숨은 연주가를 한 명 성합니다.

숨은 연주가는 온갖 표정 연기와 몸부림(?)으로 연주하는 척만 하며 감상하는 친구들을 속여야 합니다. 히든 싱어보다 술래를 찾기 더 어려워 흥미진진합니다.

인싸 아싸 찾기

• 준비물 : **없음** • 소요 시간 : **20~30분** • 대형 : **전체** • 활동 형태 : **개인**

누구나 인싸, 아싸가 되는 활동

어색한 가창 시간! 뻔하고 지루한 감상 시간!

시간표에 음악이 보일 때마다 고민하는 선생님들을 위한 음악 놀이 두 가지를 소개합니다. 학생들의 노래 소리가 자연스럽게 커지고 표현 능력이 극대화되는 신비한 놀이입니다. 교실을 웃음바다로 만들고 싶다면 바로 이 놀이를 추천합니다.

1. 아싸 찾기 놀이

준비

01 음악 시간에 배운 노래를 한 곡 정한다.

02 술래를 한 명 정한다.

03 술래는 교실 밖으로 잠시 나간다.

04 뽑기 프로그램으로 술래 몰래 '아싸'를 한 명 정한다.

시작

01 노래가 시작되면 술래는 다시 교실로 들어오고, 나머지 학생들은 노래를 시작한다.

02 술래는 교실을 천천히 돌아다닌다. 나머지 학생들은 술래가 아싸에게 가까워질수록 노래를 점점 크게 부르고, 멀어질수록 점점 작게 부른다.

<술래가 교실을 돌아다니며 아싸를 찾는 모습>

03 이때 아싸는 립싱크를 하며 노래 부르는 흉내만 낸다.

04 노래가 끝나면 술래는 립싱크를 하는 아싸를 지목한다.

주의사항

① 학생들이 목소리 크기 조절하는 것을 어려워할 수 있습니다. 술래가 아싸에게 가깝고 멀 때의 목소리 크기를 활동 전에 가볍게 연습합니다.

② 술래가 고개를 숙이고 친구들의 입에 귀를 가까이 대는 것은 반칙입니다. 허리를 펴고 다니며 아싸를 찾아야 합니다.

2. 인싸 찾기 놀이

준비

01 음악 시간에 배운 노래를 한 곡 정한다.

02 술래는 2명 선정한다.

03 술래들은 교실 밖으로 잠시 나간다.

04 술래 몰래 '인싸' 1명을 선정한다. 이때 인싸는 희망자로 정한다.

시작

01 술래들이 다시 교실로 들어오면 나머지 학생들은 노래를 시작한다.

02 인싸로 뽑힌 학생은 노래에 맞춰 춤을 추고, 나머지 학생들은 인싸가 추는 춤을 따라 한다.

03 술래는 인싸가 누구인지 노래가 끝난 후 지목한다.

주의사항

① 인싸를 보면서 동작을 따라 하면 술래가 금방 눈치 챌 수 있습니다. 술래의 눈을 피해 조심스럽게 곁눈질로 인싸의 동작을 확인하고 따라 합니다.

② 인싸는 한 노래에 다른 동작을 최소 3개 이상 해야 합니다.

실제 수업 꿀팁

다양한 응용 방식

'아싸 찾기'는 학생 한 명을 아싸로 정하는 대신 물건 한 개를 교실 어딘가에 숨겨두고 술래가 물건에 가까워지면 노래를 크게 부르고 멀어지면 작게 부르는 식으로 변형할 수 있습니다. 또한 아싸나 물건에 가까워질수록 박수를 빠르게, 멀어질수록 느리게 치는 방식도 있습니다. '인싸 찾기'의 경우 전체 대형이 아닌 원 대형으로 하면 새롭습니다. 원 대형으로 둥글게 앉아 서로가 잘 보이는 상태에서 친구의 동작을 따라 하면 술래는 인싸 찾기가 더욱 힘듭니다.

다 함께 몸으로 부르기

• 준비물 : **없음** • 소요 시간 : **10~20분** • 대형 : **전체** • 활동 형태 : **모둠**

몸으로 부르기?

몸으로 노래를 부른다? 쉽게 상상이 가지 않을 겁니다.

혼자서는 부끄럽고 어려운 일이지만 다 함께하기 때문에 전혀 어렵지 않습니다.

각자 생각나는 소절을 몸으로 표현하기 때문에 결국 모두가 하나의 노래를 몸으로 완성하게 됩니다. 몸으로 표현하는 학생들뿐 아니라 보는 선생님도 함께 즐거운 활동입니다.

준비

01 학급 전체를 두 모둠으로 나눈다.

02 각 모둠에서 두 명씩 짝을 지어 조를 나눈다.

☞ 각 모둠의 1~2번은 1조, 3~4번은 2조 등

시작

01 각 모둠의 1조 학생들은 교실 앞 책상에 칠판을 등지고 선다.

02 선생님은 칠판에 노래 제목을 하나 적는다. (예 : 교과서 노래나 동요 등)

03 나머지 학생들은 일어서서 노래를 몸으로 표현한다. 예를 들어 '퐁당퐁당' 노래라면 돌을 던지는 모습을 표현한 학생, 누나 몰래 돌을 던지는 모습을 표현한 학생, 냇물이 퍼지는 모습을 표현한 학생, 나물을 씻는 모습을 표현한 학생 등 다양한 장면을 몸으로 연출할 수 있다.

<다양한 가사를 몸으로 표현하는 장면>

04 1조 학생들은 골든벨 판에 답을 쓰고, 한 모둠이 답을 쓰면 나머지 모둠은 자동으로 10초 안에 답을 써야 한다.

05 정답 공개 후 맞힌 모둠은 1점을 얻으며 이를 칠판에 체크한다.

06 1조 학생들은 들어가고 2조 학생들이 앞에 나와 앉으면 다음 문제를 진행한다.

주의사항

① 노래 가사가 생각나지 않아 어려워 할 경우 TV 화면에 가사를 띄우거나 교과서를 보면서 몸으로 표현해도 됩니다.

② 만약 양 모둠 모두 답을 쓰지 못하고 있으면 초성 힌트를 부여합니다.

③ 어떤 동작을 할지 몰라 가만히 있는 학생들이 있다면 주변 친구들의 동작을 따라 하면 된다고 알려줍니다.

④ 맨 뒤에 앉은 학생들은 의자에 일어서서 설명하는 것을 허용합니다. 앞의 친구들로 인하여 가려서 보이지 않을 수 있기 때문입니다.

실제 수업 꿀팁

아무 노래나 가능

노래를 선정할 때 가사를 읽어 보면서 몸으로 표현할 수 있는지를 생각할 필요가 없습니다. 배웠던 노래는 모두 괜찮습니다. 가사를 몸으로 표현할 수 없어도 그 노래 특유의 리듬감이나 분위기를 학생들이 몸으로 표현하기 때문입니다. 그리고 앞에 나온 학생들도 배웠던 노래라는 것을 인지하고 있기 때문에 생각보다 쉽게 정답을 적을 수 있습니다.

자연스럽게 창작 수업으로

가사를 몸으로 표현하면 자연스럽게 율동이 만들어집니다. '다 함께 몸으로 부르기' 활동이 끝난 후 실제로 노래를 부르며 몸으로 표현하게 하면 학생들이 만든 창의적인 율동이 완성됩니다.

우리 반 OST

• 준비물 : **없음** • 소요 시간 : **30분** • 대형 : **일제식 대형** • 활동 형태 : **전체**

우리 반만 부르는 노래가 있다구요?

학기 초 학생들과 반가를 만들어 보면 어떨까요?

함께 노래를 만들고 부르며 마음을 공유할 수 있는 활동입니다.

학급 특색 활동으로도 가능하고, 협동심과 소속감을 키우는 즐거운 시간을 만들 수 있습니다.

준비

01 우리 반이 좋아하는 노래를 정한다. 그 노래를 충분히 익히고 나면 개사(가사 바꾸기) 활동을 한다.

02 개사를 하기 전 해야 하는 활동은 다음과 같다.

> ☑ **글자 수 세기**(글자 수에 맞춰 개사하는 것이 가장 좋음)
>
> ☑ **리듬꼴 치기**(노래에 맞는 리듬을 알면 개사를 해도 어려워하지 않음)
>
> ☑ **곡의 주제 및 분위기 파악하기**(노래에 적절한 가사를 넣어야 함)

시작

01 노래 악보를 프린트해서 학생 수에 맞게 나눠 준다.

☞ 보통 4마디 정도 1개 모둠 기준, 40마디 곡의 경우 10개 모둠 편성

02 가사를 읽으면서 노래의 분위기, 주제를 어떻게 잡을지 이야기한다.

03 각 모둠별로 가사 바꾸기 활동을 서로 협의하고 기준에 맞춰 개사한다.

☞ 글자 수에 맞추기, 주제에 맞게 개사하기 등

04 개사한 내용을 원 가사 밑에 쓴다.

05 다 쓴 모둠은 선생님에게 알려주고, 선생님은 가사를 수합한 후 다 같이 부른다.

06 최종적으로 이상한 부분은 없는지 논의한 후 반가로 정한다.

주의사항

① 개사 활동을 한 후 내용에 맞게 그림을 그리는 방법도 있습니다. 나중에 그림을 사진으로 찍어 뮤직 비디오 제작도 가능합니다. 노래를 부를 때 녹음을 해서 영상에 배경음악으로 넣으면 우리 반만의 뮤직 비디오가 됩니다.

② 학생들이 저학년일 경우 선생님이 곡을 정하는 것도 좋습니다. '친구가 되는 멋진

방법', '나의 이야기', '그림자까지 좋아' 등 가사가 좋은 곡들을 추천합니다.
저는 비틀즈의 '오블라디 오블라다(Ob-La-Di, Ob-La-Da)'와 같은 밝고 경쾌한 곡(가사가 없어도 계이름 글자 수로 맞출 수 있음)을 사용하기도 했습니다.

실제 수업 꿀팁

음악을 학급 경영에 활용한다면

학기 초 담임 선생님은 학급 경영 목표를 세웁니다. 대표적인 학급 특색 활동을 선정하기도 하고, 월별, 분기별 중요 행사를 세우기도 하지요. 1년의 시간은 생각보다 깁니다. 학생들에게 소속감과 안정감을 주기 위해서는 서로 돕고 협력할 수 있는 활동이 필요합니다.
음악을 이용하면 효과적인 활동이 많습니다. 학기 초 반가 만들기 활동을 통해 우리 반의 색깔을 드러낼 수 있고, 악기 연주를 꾸준히 해서 작은 음악회를 열 수도 있습니다. 자신이 잘 연주하는 악기를 가져와서 음악 시간에 합주를 할 수도 있습니다. 좋아하는 음악을 조사하고 쉬는 시간에 음악 감상을 할 수도 있으며, 반 전체가 플래쉬몹에 참여할 수도 있습니다.
음악은 사람을 즐겁게 하고 마음을 움직이게 하는 힘이 있습니다.

쇼미더 가사

• 준비물 : **메트로놈 프로그램(컴퓨터)** • 소요 시간 : **20분** • 대형 : **일제식** • 활동 형태 : **전체**

교실에서 힙합을 배운다구요?

힙합은 외국에서 시작되었지만 우리나라에서도 비슷한 문화가 있었습니다. 고려시대 '각촉부시'라고 해서 초에 눈금을 새기고 눈금이 타기 전까지 시를 짓는 놀이였습니다. 마치 외국의 '프리 스타일'처럼요. 또한 시를 지을 때 끝의 운율을 맞추는 라임이 중시되었습니다. 현재 가장 핫한 장르 중 하나인 힙합을 교실에서도 배울 수 있습니다. '헤이 디제이 쌤(선생님) 드랍 더 비트'를 외치는 그날까지!

준비

01 교과서에 있는 제재곡을 충분히 익힌다.

02 곡의 리듬꼴을 박수로 치며 멜로디를 빼고 가사만 말하는 활동을 한다.

☞ '학교종'의 경우 '학교종이땡땡땡(솔솔라라솔솔미)' 음을 제외하고 한 음으로 부르게 한다.

시작

01 메트로놈의 속도를 보통 빠르기로 해서 연습한다. 처음에는 박수를 치며 함께 연습한다.

02 속도를 점점 빨리 올리며 연습한다.

03 어느 정도 속도가 올라왔을 때 모둠 또는 개인 중 도전할 학생을 뽑는다.

04 도전하는 학생은 "헤이 디제이 쌤, 드랍 더 비트!" 라고 말한다. 그리고 메트로놈을 들려준다.

05 어느 정도 익숙해지면 가사를 바꾼다. 바꾸는 가사는 끝의 글자 모음을 맞추게 한다.

☞ '학교종이 땡땡땡 ~ 땡땡땡'의 모음이 'ㅐ, ㅐ, ㅐ'이므로 '뱅뱅뱅, 쌩쌩쌩, 팽팽팽' 등으로 바꿀 수 있다.
('학교종이 땡땡땡 내머리는 팽팽팽 쉬는시간 쌩쌩쌩' 등)

06 가사를 모두 바꾸면 종이에 써서 바구니에 넣는다.

07 그중 몇 개를 뽑아서 함께 부른다. 지원자가 있다면 대표로 불러보게 한다.

주의사항

① '랩을 해야 한다.'라는 느낌보다 '말을 점점 빨리 한다.'라는 접근이 더 좋습니다. 너무 랩처럼 하려면 학생들이 부담감을 갖기 때문입니다. 선생님은 랩의 느낌이 나게 부르는 학생을 칭찬하는 정도만 해도 괜찮습니다.

② 랩뿐만 아니라 노래에서도 끝의 글자를 맞춰서 부르는 경우가 많습니다. 노래를

배운 후 개사를 할 때 글자 수, 모음의 모양 등을 잘 살펴보라고 알려주면 좋은 개사 활동을 할 수 있습니다.

실제 수업 꿀팁

선생님, 비트 주세요

힙합 프로그램이 한참 유행일 때가 있었습니다. 많은 학생이 노래방에서 랩을 연습하는 모습을 볼 수 있었습니다. 랩이 꼭 나쁜 음악은 아닙니다. 랩 가사 중에서 건전하고 심오한 가사도 많이 있습니다. 원래 힙합 문화가 '저항'하는 것에서 출발해서 그런지 거칠고 욕이 많이 섞여 있기도 하므로 음악을 선택할 때는 미리 가사를 살펴보는 것이 필요합니다. 그리고 랩을 할 때는 비트가 중요합니다. 유튜브에서 '무료 비트'라고 검색하면 다양한 비트가 나옵니다. 그 비트에 맞춰 랩을 하면 정말 랩퍼가 하는 랩처럼 느껴질 수 있습니다.

랩 가사를 쓰는 방법

랩 가사를 만드는 것이 생소하고 어렵다고 느껴질 수 있습니다. 가장 기본적인 방법을 알려드리겠습니다.

> 우리의 일주일은 월화수목금금금 가득 쌓인 업무 때문에 쉴 틈틈틈
> 없어 졌어 입술이 또 텄어 얼굴 위에 그어진 빗금금금
> 일자리 구하기는 저 하늘에 별별별 가족들의 기대치는 덜덜덜
> 오늘도 미끄러진 백조 백수들에게는 휴식마저 벌벌벌

<출처 : 다이나믹 듀오 '출첵' 가사 중>

힙합 그룹 '다이나믹 듀오'의 노래입니다. 가사의 마지막 부분(색칠한 곳)을 자세히 살펴보면 같은 모음 소리가 반복되는 것을 알 수 있습니다. '틈틈틈, 금금금' 등을 모음 'ㅡ'가 반복되고 있습니다. '없어', '졌어', '텄어'는 모음 'ㅓ'가 반복되고 있습니다. 이렇게 가사의 모음과 글자 수를 맞춥니다.

물론 이런 방법만으로 가사를 쓰지는 않지만 가장 기본적인 방법이고 학생들도 이해할 수 있습니다. 선생님이 랩을 잘 모른다 해도 이런 설명을 해준다면 학생들로부터 힙(?)한 선생님이 될 수 있습니다.

리듬꼴의 달인

• 준비물 : A4 용지, 음표와 쉼표 카드 • 소요 시간 : 20분 • 대형 : 모둠별 • 활동 형태 : 모둠

누구보다 빠르게! 리듬꼴을 만들어보자

할리갈리 놀이의 진화판(할리갈리 컵스)을 생각하며 만든 놀이입니다.

빠르고 쉽게 리듬꼴을 만들어보며 한 마디를 저절로 채울 수 있도록 도와주는 놀이입니다.

준비

01 음악 시간에 배운 제재곡의 주요 리듬꼴을 먼저 익힌다. (손뼉치기, 박자치기 등)

02 A4 용지를 두 번 접어 제재곡에 있는 리듬꼴을 4칸에 채운다.

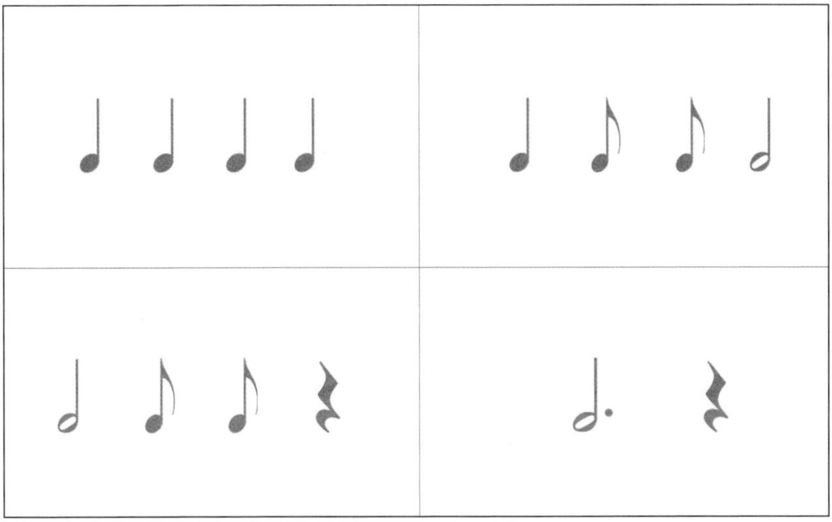

<A4 용지를 2번 접어 4개의 리듬꼴을 그린 모습>

03 앞서 한 리듬 놀이(음표 할리갈리, 음표 블랙잭 등)에서 음표와 쉼표 카드를 준비한다.

시작

01 리듬꼴 만든 용지를 뒤집어 잘 섞은 다음 중간에 더미로 놓는다.

02 가위바위보에서 진 사람이 가장 위에 있는 리듬꼴을 뒤집는다.

03 카드에 나온 리듬꼴을 보고 음표, 쉼표를 사용해 리듬꼴을 완성한다.

04 가장 먼저 완성한 학생이 리듬꼴 카드를 획득한다. 그리고 다음 카드를 뒤집는다.

05 리듬꼴 카드가 떨어질 때까지 놀이를 진행하고, 다 떨어지면 가장 많이 카드를 획득한 학생이 승리하게 된다.

주의사항

① 카드를 획득한 학생이 다음 카드를 뒤집게 합니다. 카드를 뒤집는 동안 다른 학생들은 약간의 시간적 이점을 갖기 때문에 한 학생이 독식(?)하는 것을 방지하기 위함입니다. 또는 카드를 획득한 학생이 다음 판에서 심판을 보게 하는 방법도 있습니다.

② 책상 가운데 종을 놓거나 카드 더미를 치게 해서 가장 먼저 치는 학생이 가져갑니다. 만약 동시에 쳤을 경우 가위바위보로 순서를 정하면 됩니다.

실제 수업 꿀팁

놀이일까? 학습일까?

'리듬꼴의 달인' 놀이는 '할리갈리 컵스'라는 보드 게임의 아이디어를 착안하여 만들었습니다. 원 놀이에서는 컵을 5개씩 주고 색깔 배치를 먼저 하는 학생이 카드를 획득하게 되어 있습니다. 분명히 보드 게임지만 여기서 설명한 리듬꼴 만들기 활동처럼 충분히 학습이 가능한 놀이입니다.

학생들이 놀이인지 학습인지 모를 정도로 즐겁게 활동하는 모습을 보았고, 마무리 퀴즈를 풀어보면 상당수의 학생이 리듬꼴을 잘 이해하고 있었습니다. 제가 놀이를 학습에 적용하게 된 이유입니다.

리듬꼴이 음악 교육에 주는 의미

음악 이론 중 음표와 쉼표는 중요한 요소 중 하나입니다. 국어에는 한글이, 영어에는 알파벳이 있듯이 음악에는 음표와 쉼표가 있습니다. 이 음표와 쉼표를 적절히 배치하는 것은 글자를 써서 적당한 문장을 만들어 내는 것과 같습니다.

음악에서 리듬꼴을 만들 수 있다면 작사뿐만 아니라 작곡도 가능합니다. 가장 기본적인 활동이지만 그만큼 필수적인 요소이기 때문에 많이 숙달시키고, 이 활동의 후속으로 리듬꼴 직접 만들기를 하면 매우 좋습니다.

창작은 '무에서 유'의 창조?

리듬꼴 훈련을 많이 한다고 해서 창작력이 떨어진다고 생각하는 사람은 없을 겁니다. 악기를 배울 때 사람들은 유명한 곡을 카피해서 연습을 합니다. 그것이 숙달이 되면 애드리브가 가능해집니다.

리듬꼴 만들기 활동도 마찬가지입니다. 아무것도 없이 '리듬꼴을 만들어 보세요.'라고 하기보다는 리듬꼴의 다양한 형태를 보여주고, 놀이로 즐긴 후 만들라고 하면 훨씬 더 쉽고 빠르게 리듬꼴을 완성할 수 있습니다.

감상 너도? 나도!

• 준비물 : A4 용지, 연필　• 소요 시간 : 20분　• 대형 : 전체　• 활동 형태 : 전체

가사를 유심히 듣게 되는 놀이

'너도? 나도!'는 유명한 보드 게임을 교실에 적용한 놀이입니다. 종이와 연필만 있으면 되기 때문에 쉽게 교실에서 활용할 수 있습니다. 새로 배울 노래를 먼저 들려주고, 학생들은 노래 가사에 나오는 단어 5개를 적기만 하면 됩니다.

가사를 정확하게 들어야 하기 때문에 평소보다 훨씬 노래 감상에 집중할 수밖에 없는 활동입니다.

준비

01 아직 배우지 않은 노래를 한 곡 정한다.

02 모두 A4 용지와 연필을 준비한다.

03 A4 용지에 1번부터 5번까지 번호를 적는다.

시작

01 학생들에게 노래를 두 번 들려준다.

(예 : 나무의 노래)

02 학생들은 노래를 듣고 5개의 단어를 공책에 적는다.

(예 : 아침햇살, 참새, 나뭇잎, 오선지, 나무)

03 뽑기 프로그램으로 선정된 학생은 적은 단어 중 한 개를 외친다.

(예 : 참새)

04 같은 단어(참새)를 적은 학생이 손을 들며 "나도!"라고 외친다.

05 학생들이 손을 들고 있으면 선생님은 손을 든 학생의 수를 세어 점수를 알려준다.

☞ 10명이 손을 들면 단어를 말한 학생을 포함하여 11명이 그 단어를 적었기 때문에 11점이 된다.

06 그 단어를 적은 학생 모두는 단어 옆에 점수를 적는다.

07 다음 뽑기 프로그램에 뽑힌 학생이 이어서 단어를 이야기하며 계속해서 점수를 체크한다.

08 정해진 시간이 지났거나 모든 학생이 한 번씩 단어를 이야기했을 때 활동을 끝낸다.

09 자신이 획득한 점수의 총합을 계산한다.

1. 아침햇살	11
2. 참새	12
3. 나뭇잎	8
4. 오선지	5
5. 나무	10
	총점 : 46점

주의사항

① 완전히 단어가 같아야 인정이 됩니다. 예를 들어 "아침햇살"을 말한 경우 '아침'이나 '햇살'을 적은 학생들은 점수를 얻지 못합니다.

② 짧은 노래로 활동을 할 땐 2절까지 활용합니다.

실제 수업 꿀팁

핵심단어로또

선생님이 미리 중요하다고 생각한 가사의 단어 5가지를 1위부터 5위까지 순위를 매겨 놓습니다. 그 후 학생들은 노래를 듣고 역시 1위부터 5위까지 중요하다고 생각하는 가사의 단어를 적습니다. 모두 단어를 적으면 선생님이 5위부터 단어를 발표합니다. 선생님이 적은 단어와 순위가 모두 같다면 3점, 순위는 다르지만 단어가 있다면 1점을 획득합니다.
예를 들어 선생님이 1위를 '아침'으로 했으며 1위를 '아침'으로 적은 학생은 3점을 얻게 되며, 2위에 '아침'을 적은 학생은 1점을 얻는 방식입니다.

모둠 경쟁 방식으로도 가능

개인전이 아닌 모둠 경쟁 방식으로 변형할 수 있습니다. 학급을 두 모둠으로 나누고 칠판에

A모둠, B모둠을 적습니다. A모둠에서 먼저 한 명이 단어를 말하면 A모둠에서만 단어를 적은 학생이 손을 듭니다. 그리고 그 합을 칠판에 적습니다.

B모둠이 말할 때도 B모둠에서만 단어를 적은 학생이 손을 들고 그 합을 칠판에 적습니다. 이때 다른 모둠에서 말한 단어는 말할 수 없습니다. 예를 들어 A모둠에서 '나무'를 말했다면 B모둠은 '나무'를 말할 수 없습니다. 더 이상 말할 단어가 없을 때 더 높은 점수를 얻은 모둠이 승리합니다.